ज़िन्दगी रुकती नहीं

केदारनाथ त्रासदी पर आधारित मार्मिक उपन्यास

ज़िन्दगी रुकती नहीं

केदारनाथ त्रासदी पर आधारित मार्मिक उपन्यास

रमेश पोखरियाल 'निशंक'

वाणी प्रकाशन

वाणी प्रकाशन

4695, 21-ए, दरियागंज, नयी दिल्ली 110 002

फ़ोन : +91 11 23273167 फ़ैक्स : +91 11 23275710

शाखाएँ

अशोक राजपथ, पटना 800 004, बिहार

कॉफ़ी हाउस कैम्पस, महात्मा गांधी मार्ग, इलाहाबाद 211 001, उत्तर प्रदेश

महात्मा गांधी अन्तरराष्ट्रीय हिन्दी विश्वविद्यालय, वर्धा 442 001, महाराष्ट्र

सुल्तानिया रोड, मोतिया पार्क, भोपाल 462 001, मध्य प्रदेश

www.vaniprakashan.com
marketing@vaniprakashan.in
sales@vaniprakashan.in

Zindagi Rukti Nahin
by Ramesh Pokhriyal 'Nishank'

ISBN : 978-93-90678-00-6
Novel

प्रथम संस्करण 2021

मूल्य : ₹ 395

आर. टेक ऑफ़सेट प्रिंटर्स, दिल्ली-110032 में मुद्रित

वाणी प्रकाशन का लोगो मक़बूल फ़िदा हुसेन की कूची से

केदारनाथ आपदा में
अपने प्रियजनों को खोने
और घर-परिवार के बिछोह के बावजूद भी
जिन्होंने हार नहीं मानी,
ऐसे जीवट लोगों की जीवटता को समर्पित।

अपनी बात

अपनी विशिष्ट भौगोलिक संरचना के कारण उत्तराखण्ड का हिमालयी क्षेत्र हमेशा से ही आपदाओं के दृष्टिकोण से संवेदनशील रहा है। यहाँ कभी बाढ़, कभी भूकम्प, कभी भूस्खलन तो कभी बादल फटने की घटनाएँ आम जनजीवन को प्रभावित करती रही हैं, किन्तु वर्ष 2013 में विश्वप्रसिद्ध धाम केदारनाथ में जल प्रलय के रूप में जो आपदा आयी, उसके घाव आज तक नहीं भर पाये हैं।

केवल केदारनाथ ही नहीं अपितु पूरे भारत के हज़ारों-हज़ार जनमानस ने इस भीषण त्रासदी का दंश झेला, तब ऐसा प्रतीत हो रहा था मानो सारी दुनिया ही ख़त्म हो गयी हो। एक जलजले ने हज़ारों ज़िन्दगियाँ ख़त्म कर दीं, सैकड़ों घर तबाह हो गये। महीनों तक लोग अपनों की तलाश में भटकते रहे। सौभाग्यवश जो जीवित मिले भी तो इस आपदा ने बहुत समय तक उन्हें विक्षिप्तता की स्थिति में जीने को मजबूर कर दिया।

गरजते-बरसते दहाड़ें मारकर, चिंघाड़कर सबकुछ ख़त्म करने पर आमादा काले बादलों और प्रचण्ड बनी नदियों का ताण्डव कुछ समय बाद शान्त तो हो गया था, किन्तु केदारघाटी में त्रासदी से जन्मी चीत्कारें मरघटी सन्नाटे में तब्दील हो गयी थीं। अपनों की तलाश में आये कई-कई महीनों तक इधर-उधर भटकते, तरसते लोगों की ऊहापोह जारी थी। भला वो कैसे चैन से बैठ पाते, जिनके प्रियजनों का कहीं कोई अता-पता न था।

केदारघाटी में जब वर्ष 2013 में यह त्रासदी आयी तो मैं सबसे पहले वहीं पहुँचा था। प्रदेश की तत्कालीन सरकार के प्रतिबन्ध के पश्चात् भी

धारा 144 को तोड़कर मैं अपने दर्जनों साथियों के साथ टूटे और ध्वस्त हुए कार्यों में गिरते-उठते किसी प्रकार केदारनाथ पहुँचा था। वहीं से देश के तत्कालीन प्रधानमन्त्री श्री मनमोहन सिंह जी को आँखों देखा हाल सुनाया था। मैंने स्वयं देखा था किस तरह तबाही हुई, हज़ारों लोग हताहत हुए। लोग मोबाइल पर फ़ोटो दिखा-दिखाकर, पोस्ट बनाकर अपने परिजनों के बारे में पूछ रहे थे। उनकी बेचैनी, वो घबराहट, वो कशमकश मैं अन्दर तक महसूस कर रहा था। इस आपदा में ऐसी कई माताएँ थीं जिनकी कोख हमेशा के लिए रीती हो गयी थी। कई ऐसे बच्चे थे जो अपने माता-पिता को खुशियाँ देने का सपना देखते थे, लेकिन नियति की मार ने उन्हें असमय बिछोह दे दिया। स्थान-स्थान पर पड़ी लाशें, केदारनाथ मन्दिर के बाहर का मंजर...ऐसी कई घटनाएँ थीं जो मेरे मन-मस्तिष्क में आज भी हर पल गूँजती रहती हैं। इन्हीं घटनाओं को आधार बनाकर इस उपन्यास की रचना हुई है।

विक्रम नाम के युवक और लक्ष्मी नामक युवती को कथानक के केन्द्र में रखकर बुने गये इस उपन्यास में मैंने उस काल में हुई अनेक छोटी-बड़ी मर्मान्तक घटनाओं को पाठकों के सम्मुख रखने का प्रयास किया है। गरीबी में पले विक्रम के समक्ष चुनौतियाँ तो हर क़दम पर थीं, लेकिन माता-पिता से मिले संस्कारों की पाठशाला में मेहनत और ईमानदारी के बलबूते वो अपनी मंजिल के करीब पहुँच जाता है। अपने लक्ष्य प्राप्ति की खुशखबरी अपने माता-पिता से साझा करने से पूर्व ही उस पर विपत्तियों की जो गाज गिरी, वह किसी को भी तोड़ सकती है, लेकिन विक्रम के चिन्तातुर मन में आशा की एक किरण स्पन्दित है जो उसे उन विपत्तियों से जूझने की शक्ति देती है। इसी तरह लक्ष्मी और कमल के चरित्र भी उन बीभत्स परिस्थितियों में धैर्यपूर्वक प्रतिकूल समय को मात देने में सफल होते हैं।

उपन्यास के माध्यम से मैंने तत्कालीन समय की व्यवस्थाओं, भौगोलिक परिदृश्य, राजनीतिक, सामाजिक और आर्थिक परिस्थितियों को विश्लेषित करने का प्रयास किया है। मैंने कोशिश की है कि वहाँ घटित

अनेकानेक घटनाओं के आधार पर लिखा गया यह उपन्यास भविष्य में केदारनाथ त्रासदी के कारणों और उससे प्रभावित जन-जीवन के अध्ययन और उन्हें समझने में सहायक सिद्ध हो।

उपन्यास में मानवीय संवेदनाओं की गूढ़ अभिव्यक्ति है जो निश्चित ही पाठकों को उपन्यास से जोड़े रखेगी। आपदा का अचानक आना, जीवन बचाने के लिए लोगों की जद्दोजहद, अफरा-तफरी के माहौल में इधर-उधर भागते लोगों, सड़कों के ध्वस्त होने के कारण ख़तरनाक पहाड़ियों और पगडण्डियों के सहारे चढ़ते-उतरते महिला, पुरुष और वृद्ध, भूख के मारे बिलबिलाते बच्चों, अपनों की ढूँढ़ में बदहवास दौड़ते-भागते लोगों की मनोदशा को सजीवत: प्रस्तुत करने का प्रयास किया है।

आठ वर्ष पूर्व आयी इस भीषण आपदा ने हज़ारों लोगों की ज़िन्दगी लील ली, कई माताओं की कोख उजाड़ दी, कई मासूमों के सिर से माँ-बाप का साया छीन लिया तो कई बहिनों की माँग सूनी कर दी। इस आपदा ने सैकड़ों-हज़ारों लोगों को बेघर कर दिया था। बेबस और मजबूर लोग अपने जीवनभर के कठिन परिश्रम से पाई-पाई जोड़कर बनाये गये अपने घरौंदों को भरभराकर गिरते हुए देखकर बिलख रहे थे। आज भी उस आपदा के जख्म पूरी तरह नहीं भर पाये हैं, लेकिन मनुष्य धीरे-धीरे समय के साथ-साथ खड़ा होकर फिर जीवन के सफर पर आगे बढ़ने लगा है।

मेरा मानना है कि भविष्य में जब कभी प्राकृतिक आपदाओं से मनुष्य का सामना और संघर्ष होगा तो केदारनाथ आपदा की यह कहानी मनुष्य के धैर्य, उसकी ताकत, प्रबल इच्छाशक्ति और हौसले को फिर-फिर साबित करेगी। आपदा की यह जीवन्त कहानी साबित करेगी कि भले ही आपदाओं ने, त्रासदियों ने, महामारियों ने मनुष्य के हौसलों को क्षत-विक्षत करने की भरसक कोशिश की हो लेकिन मनुष्य के मजबूत इरादों और अदम्य जिजीविषा ने कष्टों के अभेद्य व्यूह को भेदकर जीवन के नये रास्ते बनाये हैं और संसार को ये सन्देश दिया कि 'ज़िन्दगी कभी रुकती नहीं है।'

मुझे विश्वास है कि हृदय की अतल गहराइयों से उपजी संवेदनाओं से जनित मेरी इस कृति में आप मेरी सान्द्र अनुभूतियों को आत्मसात कर पायेंगे। पूर्व की भाँति ही मेरे इस उपन्यास को भी आप लोगों का स्नेह प्राप्त होगा। इसी विश्वास के साथ यह कृति आपके हाथों में सौंप रहा हूँ।

–डॉ. रमेश पोखरियाल 'निशंक'

हिमालय भवन
27, सफदरजंग रोड
नयी दिल्ली

केदारनाथ-त्रासदी का साक्षात्कार कराती डॉ. 'निशंक' की बेजोड़ कृति

देवभूमि उत्तराखण्ड के ज्योतिर्लिंग केदारनाथ धाम में आयी भीषण त्रासदी सम्पूर्ण विश्व में प्रकृति के विनाशकारी ताण्डव के रूप में जानी गयी। करोड़ों भारतवासियों की आस्था का केन्द्र महादेव शिव के द्वादश ज्योतिर्लिंगों में एक 'केदारनाथ' में हुए जल प्रलय में देवभूमि उत्तराखण्ड के साथ ही देश-विदेश से आये हज़ारों श्रद्धालु काल के मुँह में समा गये। किसी ने इसे 'दैवी आपदा' कहा, तो किसी ने क्रुद्ध प्रकृति का प्रकोप बताया। भीषण वर्षा के बाद मन्दाकिनी और सरस्वती सहित अन्य नदियों के उफान से आये जल प्रलय ने हज़ारों लोगों को काल की गोद में सुला दिया था।

देवभूमि के सपूत, सरस्वती के वरद पुत्र एवं उत्तराखण्ड के पूर्व मुख्यमन्त्री रहे शब्द-साधक डॉ. रमेश पोखरियाल 'निशंक' इस भीषण आपदा के तुरन्त बाद अपने कुछ साथियों के साथ आपदा से प्रभावित केदारघाटी गये थे और उन्होंने इस प्राकृतिक आपदा से हुई व्यापक जन-धन की क्षति को अपनी आँखों से देखा था।

आम जन-जीवन को पूरी तरह झकझोर कर रख देने वाली इस भीषण दैवी-आपदा में वृद्ध, युवा, स्त्री-पुरुष और बच्चों की मृत्यु के कारुणिक दृश्य डॉ. 'निशंक' ने स्वयं देखे और उनके कवि हृदय ने इस अपार पीड़ा को आत्मसात किया।

डॉ. 'निशंक' ने जो दैवी विभीषिका प्रत्यक्ष देखी, उसे इस उपन्यास में सजीव कर दिया है। 'ज़िन्दगी रुकती नहीं' उपन्यास के माध्यम से डॉ. 'निशंक' ने जहाँ एक ओर पूरे विश्व को झकझोर देने वाली भीषण त्रासदी की सच्चाई से पाठकों को रू-ब-रू कराया है, वहीं दूसरी ओर पर्वतीय समाज की परम्पराओं को भी अनूठी अभिव्यक्ति दी है।

'फ्लैशबैक' शैली में रचे गये इस उपन्यास में डॉ. निशंक ने गरीबी में संघर्ष करते युवा के रूप में विक्रम के पात्र के माध्यम से सदाचारी, मेहनती और माता-पिता के आदर्श पुत्र के गुणों को अलंकृत किया है साथ ही उसके सपनों को पंख देती उसकी अथक मेहनत की कहानी को भी बहुत ही संजीदगी से प्रस्तुत किया है। अभावों में पले-बढ़े विक्रम की मनोदशा का वर्णन जिस ढंग से डॉ. निशंक ने उपन्यास में किया है वह अत्यन्त कारुणिक और प्रासंगिक है।

विक्रम की जिस तत्परता से उसके अध्यापक मदद करते हैं, वह प्रकरण तो निश्चय ही प्रेरक बन गये हैं। एक स्थान पर विक्रम के पूर्व सहपाठी राघव द्वारा ईर्ष्यावश उसे जलाकर मार देने के षड्यन्त्र वाले प्रकरण में डॉ. 'निशंक' ने पर्वतीय महिलाओं की जीवटता का मनोहारी चित्रण किया है-**''आस पास कहीं पानी भी नहीं, लेकिन पहाड़ की नारियाँ यूँ ही वीरांगनाएँ नहीं कहलातीं। अपने प्राणों को हथेली पर रखकर उन्होंने हरे वृक्षों की टहनियाँ तोड़-तोड़कर उनसे आग बुझाना शुरू किया! किसी तरह से जितना भी रास्ता बन पाया, उन्होंने उस घुटते हुए धुएँ से विक्रम को बाहर निकाला।''**

उपन्यास की नायिका के रूप में लक्ष्मी का चरित्र जीवन के उदात्त मूल्यों से सुसज्जित है, आपदा में माँ को खोने का गम, स्वयं अस्पताल में और भाइयों सहित पिता की कोई ख़बर नहीं। ऐसे में एक मासूम बालिका के मन-मस्तिष्क में द्वन्द्व की क्या पराकाष्ठा होती है इसे बेहद ही संवेदनशीलता के साथ डॉ. निशंक ने उपन्यास में प्रस्तुत किया है। उपन्यास में कमल एक ऐसा विशिष्ट व्यक्तित्व है जो स्वयं भी इस त्रासदी की भयावह मार झेल रहा है, लेकिन मानवता की कसौटी पर खरा उतरते हुए वह इस आपदा में लक्ष्मी, विक्रम सहित अनेक लोगों की आस-उम्मीद और सहारा है।

पूरा उपन्यास पढ़ते-पढ़ते कई बार बीभत्स और प्रलयंकारी घटनाओं के वर्णन से साँसें अटक-सी जाती हैं और न जाने कितनी बार हृदयविदारक दृश्यों को अनुभूत कर आँखें नम हो जाती हैं। उपन्यास केदारनाथ त्रासदी के बाद अपने परिजनों को ढूँढ़ने में लगे उन लोगों की जीवन्त कहानी है जो पल-पल अपनों के मिलने की आस में अपने भीतर उम्मीदों का अखण्ड दीपक जलाये हैं।

डॉ. रमेश पोखरियाल 'निशंक' सचमुच शब्द-साधक हैं। भीषण आपदा का सजीव चित्रण करते हुए उनकी भाषा जैसे बोलने-सी लगती है-**"एक माँ को देखा जिसने ठण्ड से बचाने के लिए अपने बच्चे को सारे गरम कपड़े ओढ़ा दिये थे। अभी भी उसका हाथ बच्चे के शरीर पर था, लेकिन दोनों बेजान। माँ सिर्फ़ एक सलवार-सूट में और बच्चे के ऊपर उसका उतारा हुआ स्वेटर, शॉल भी पड़ा था।**

विक्रम भाव विभोर हो उठा। आँखों में आँसू भर आये। कुछ पल वह वहीं बैठ गया। शॉल खींचकर दोनों को ओढ़ा दिया, एक मौन श्रद्धांजलि की तरह। दोस्तों ने उसे हौसला दिया, उसकी आँखें छलछला आयीं।"

निस्सन्देह उपन्यास के ऐसे चित्रण पाठकों को बरबस रुला देने के लिए काफ़ी हैं।

मेरा तो यह मानना है कि डॉ. 'निशंक' का यह उपन्यास 'कालजयी कथाकृति' के रूप में समाहृत होगा और कथा साहित्य में 'रिपोर्ताज परक उपन्यास' की सर्वथा नयी विधा का सूत्रपात भी करेगा। हिन्दी-जगत् में डॉ. रमेश पोखरियाल 'निशंक' के इस उपन्यास **'ज़िन्दगी रुकती नहीं'** का भरपूर स्वागत होगा, इसी विश्वास के साथ मैं यह मार्मिक उपन्यास आप सबको सादर सौंपता हूँ।

-डॉ. योगेन्द्रनाथ शर्मा 'अरुण'

पूर्व प्राचार्य
74, न्यू नेहरू नगर
रुड़की-247667

एक

'बारह घण्टे से अधिक हो गये, वर्षा रुकने का नाम ही नहीं ले रही, ऐसा तो पहले कभी नहीं हुआ।' बड़बड़ाती चिन्तातुर माँ ने द्वार खोलकर बाहर झाँका।

उसके ये कहने भर की देर थी कि अचानक ही भयानक गर्जना सुनाई देने लगी, लगा जैसे हज़ारों हाथी एक साथ चिंघाड़ रहे हों। तभी एकाएक तेज़ बहाव के साथ घर की ओर ढेर सारा मलबा बहता नज़र आया, वैसे ही मकान भी तो कुछ ऐसी जगह बना है जहाँ ऊपर पहाड़ से मलबा और पत्थर गिरने की सम्भावना बनी रहती है।

'भाग लक्ष्मी!', माँ ने जोर की आवाज़ लगायी और दोनों एक-दूसरे का हाथ पकड़ पलक झपकते ही बाहर बायीं ओर भागने लगे।

चारों ओर घुप्प अन्धकार, बिजली का नाम नहीं। आकाशीय बिजली चमकती तो पलभर के लिए उजाला होता, लेकिन उस उजाले में जो भयावह दृश्य नज़र आता, वह और भी कँपकँपी छुड़ा देता।

बाहर बाढ़-सा मंजर था, जो बह रहा था वह पानी नहीं, मलबा था। बड़े-बड़े पेड़ तिनकों की भाँति उखड़कर बहे जा रहे थे। उन्हीं के साथ ढह रहे थे बड़े-बड़े पहाड़ भी। अचानक फिर पीछे से एक तेज़ आवाज़ हुई और तभी बिजली चमकी। लक्ष्मी और माँ दोनों ने पीछे मुड़कर देखा, ताश के पत्तों से बने घर की तरह पूरा आशियाना जमींदोज हो चुका था।

बाढ़ का प्रवाह इतना प्रचण्ड था कि देखते ही देखते वह मकान का सारा मलबा अपने साथ समेट ले गया।

दोनों हाथ पकड़े जान बचाने के लिए तेज़ी से भागे और इसी बीच अचानक माँ का हाथ छूट गया। लक्ष्मी ऽऽऽ... माँ की बस यही आवाज़ सुन पायी थी लक्ष्मी।

'माँ!' पेट के भीतर आँतों तक का जोर लगाती हुई लक्ष्मी चिल्लाई,

और अपनी ही चीख से उसकी आँख खुल गयी। ओह! यह सपना था, उसने सन्तोष की साँस ली पर थोड़ी देर वह इस दुःस्वप्न के सदमे में सहमी, सिमटी पड़ी रही। उसने देखा उसके अगल-बगल में बहुत सारे मरीज पड़े हैं, वह भी किसी अस्पताल के बेड पर पड़ी है। उसने चारों तरफ़ नज़र दौड़ायी, उसे समझ में ही नहीं आ रहा था वह कहाँ आ गयी। यह एक लम्बा-चौड़ा हॉल था। सफेद रंग की पलंगों पर लाल कम्बलों को ओढ़े कई लोग लेटे हुए हैं।

एक तो उस डरावने स्वप्न की दहशत और दूसरा खुद को अस्पताल में पाये जाने पर वह विचलित हो उठी।

उसने एक बार और इधर-उधर देखा, पर कोई जाना-पहचाना चेहरा नज़र नहीं आया। उसकी उलझन बढ़ने लगी, 'वह अस्पताल आयी कैसे और माँ कहाँ है?' यही सवाल वह बार-बार अपने से किये जा रही थी।

माथे पर छलक आयी पसीने की बूँदों को पोंछने के लिए उसने जैसे ही हाथ उठाया तभी हाथ में चुभन-सी महसूस हुई, उसने देखा एक सूई के सहारे तरल पदार्थ उसके शरीर में जा रहा है। थोड़ा और होश आया, उसने देखा उसके पूरे शरीर पर चोटें आयी हैं, जगह-जगह पट्टियाँ बँधी हैं, शरीर बोझिल हुआ जा रहा था। स्वयं को पट्टियों से बँधा देख वह बुरी तरह घबरा गयी।

'माँ' वह पुनः चिल्लायी। पास में खड़ी नर्स तुरन्त आयी। आनन-फानन में उसने डाक्टर को सूचित किया।

'डॉक्टर साहब बेड नं. 5 को होश आ गया।'

'होश आ गया?' मतलब वह बेहोश थी? स्वयं से प्रश्न किया

लक्ष्मी ने लेकिन उसे यहाँ कौन लाया? उसके परिवार का कोई उसके साथ क्यों नहीं?' ये तमाम सवाल उसे परेशान करने लगे।

हॉल में खड़े लोगों को लक्ष्मी घूर-घूरकर देख रही थी। अचानक उसकी नज़र कोने पर खड़े एक व्यक्ति पर ठिठक गयी। उसे लगा गाँव के कमल चाचा जैसा कोई व्यक्ति खड़ा है। मैले-कुचैले कपड़े, चेहरे पर बदहवासी, थका-हारा सा कमल मानो किसी को ढूँढ़ रहा हो। लक्ष्मी ने आवाज़ देनी चाही लेकिन उसके मुँह से इतनी भी आवाज़ नहीं आयी कि उसका स्वर कमल को सुनाई दे सके।

नर्स ने उसके हाव-भाव को देखते ही पूछा– 'किसी को जानती हो क्या?'

'हाँ।' उसने कमल की ओर इशारा किया। नर्स तुरन्त कमल के पास गयी और उसने कमल से आग्रह किया– 'बेहोश पड़ी लड़की को अभी होश आया है, आपको देखा तो पहचान रही है।' कहते-कहते दोनों लक्ष्मी के पास पहुँचे। बेड पर पहुँचते ही कमल उसे पहचान गया।

'अरे ये तो लक्ष्मी है।'

'लक्ष्मी! तुम...ठीक तो हो न?'

लक्ष्मी एकटक उसके चेहरे पर देखती रही। मानो एक नज़र में उसने कमल से सैकड़ों प्रश्न कर डाले हों, आख़िर हुआ क्या है यहाँ?

उसने सिसकते हुए पूछा– 'चाचा मैं यहाँ कैसे आयी?'

'तुझे पता नहीं?' कमल के कहते ही उसने 'ना' में सिर हिला दिया।

उसके सिर पर हाथ फेरते हुए कमल ने लक्ष्मी को सब ठीक होने का दिलासा दिया।

'मैं अभी आया।' कहकर कमल तेज़ी से बाहर चला गया।

अस्पताल के गलियारे में एक कोने में जाकर वह फफक कर रो पड़ा। क्या दिन दिखा रहा है भगवान! उसके स्वयं के परिवार का कुछ अता-पता नहीं और यहाँ लक्ष्मी की यह हालत, उसके धैर्य का बाँध टूटने लगा। कमल को इस तरह अचानक बाहर जाते देख लक्ष्मी तेज़ी से उठने का प्रयास करने लगी तो 'आह!' एक हल्की-सी चीख निकल गयी उसकी, ऐसा लगा जैसे पैरों में मानो पत्थर बँधे हों।

'उठो नहीं, तुम्हारे पैर में चोट लगी है' नर्स उसकी ओर दौड़ते-दौड़ते चिल्ला पड़ी। यह सुनते ही लक्ष्मी की नज़र अपने पैरों की ओर गयी।

'प्लास्टर! ये क्यों लगा है?' उसने हैरानी से पूछा।

'तुम्हारे दोनों पैरों में फ्रेक्चर है।' नर्स बोली।

'लेकिन कैसे? मैं तो गाँव में थी।' लक्ष्मी ने फिर सवाल किया।

'तुम आराम करो, मैं अभी आती हूँ।'

नर्स ने उसे बीच में टोक दिया। वह उसके सवालों को टालने की कोशिश कर रही थी। दरअसल लक्ष्मी की हालत अभी ऐसी नहीं थी कि उससे खुलकर बातें की जा सकें और फिर सदमे से पीड़ित मरीजों के लिए तो खुद कर्मचारियों को सख्त हिदायत रहती है कि वे किसी भी पेशेंट से ऐसा कुछ मत कहें, जिससे उनकी मानसिक स्थिति पर विपरीत प्रभाव पड़े। अपने सवालों का कोई जवाब न मिलता देख लक्ष्मी ने फिर आख़िरी सवाल किया।

'लेकिन मेरी माँ...!' उसका सवाल पूरा भी नहीं हो पाया कि नर्स चली गयी और लक्ष्मी का प्रश्न उसके मन में ही रह गया।

किसी को कुछ कहने की इजाजत न थी, इसलिए लक्ष्मी के सवालों को सभी अनसुना कर रहे थे। तड़पती, लाचार लक्ष्मी दिमाग पर जोर डालने का प्रयास करने लगी, धीरे-धीरे मिनट-दर-मिनट सारा मंजर उसकी आँखों में उभरने लगा।

दो

चारधामों में से एक बदरीनाथ और विश्व के 12 ज्योतिर्लिंगों में से एक केदारनाथ यहीं उत्तराखण्ड हिमालय में ही स्थित हैं, और यहीं स्थित हैं माँ गंगा व यमुना के उद्‌गम तीर्थ गंगोत्री और यमुनोत्री। हर वर्ष श्रद्धालु शीत ऋतु समाप्त होते ही कपाट खुलने की प्रतीक्षा करते हैं और इन तीर्थों का पुण्य कमाते हैं। सर्पीली घुमावदार पहाड़ी सड़कें जिनके एक ओर पहाड़ी तो दूसरी ओर गहरी खाई...। मैदानी क्षेत्र से आने वाले लोगों की यहाँ कँपकँपी छूट जाती है, लेकिन फिर भी हर वर्ष लाखों-करोड़ों तीर्थयात्री इस देवभूमि में आते हैं।

सिर्फ़ धार्मिक आस्था और तीर्थयात्रा ही क्यों, यहाँ की नैसर्गिक सुन्दरता पर्यटकों के आँखों और मन को भी लुभाती रही है। कहीं हिमाच्छादित चोटियाँ, हरे-भरे बुग्याल, तो कहीं कल-कल करती नदियाँ, और अपनी ख़ुशबू से बेसुध कर देती वादियाँ बरबस ही अपनी ओर खींच लेती हैं।

प्रभात और सन्ध्या के समय सूर्य की सुनहरी किरणों से पल-पल रंग बदलती बर्फीली चोटियाँ नयनाभिराम दृश्य उत्पन्न करती हैं। स्वर्णिम किरणों से नहाये बर्फीले पहाड़ कभी स्वर्ण का भण्डार लगते हैं, कभी आग उगलते ज्वालामुखी, तो कभी चाँदी से जड़े हुए।

किन्तु इस बार हिमालय का वह रौद्र रूप दिखा, जो ज्वालामुखी से कम नहीं था। उफनते हुए पानी का एक सैलाब लावे की तरह ही

कुछ ऐसा विध्वंसक बना कि सबकुछ बहा ले गया। पेड़-पौधे, मकान, मशीनें, गाड़ियाँ और साथ में लाखों-लाख ज़िन्दगियाँ। इनमें तमाम देश के विभिन्न राज्यों से आये तीर्थयात्री थे, तो कई विदेशी मेहमान भी। साथ में कुछ वे भी, जो यहीं के बान्शिदे थे। बेचारी लक्ष्मी को तो यह पता ही न था कि जिसे वह स्वप्न मात्र समझ रही है, वह उसके सुसुप्त अन्तर्मन में छुपा हुआ सच है, लेकिन सच्चाई कब तक छिपती। अपनों की तलाश में भटक रहे लोगों पर कोई पाबन्दी न थी, न कुछ पूछने की न बताने की।

जहाँ-तहाँ परिवार की खोज में भटक चुका कमल एक बार फिर लक्ष्मी के पास खड़ा था। शायद उसी से कुछ पता चल जाये, इसी आस में उसने सवाल दोहराया– 'लक्ष्मी, तू कैसे पहुँची यहाँ?'

'पता नहीं, मुझे कुछ याद नहीं आ रहा।' लक्ष्मी का यह जवाब सुन कमल का धैर्य जवाब दे गया। बोला, 'पूरा गाँव तबाह हो गया लक्ष्मी। तेरी चाची और बच्चों का कुछ पता नहीं। तेरे माँ-पिताजी और भाई कहाँ हैं?'

'मुझे नहीं पता, लेकिन हुआ क्या है?' लक्ष्मी ने भर्राये स्वर में पूछा।

उसके बाद कमल ने जो घटनाक्रम सुनाया तो लक्ष्मी की समूची देह में एक सुरसुरी-सी समा गयी, किसी चलचित्र के दृश्यों की तरह उस रात की सारी घटना उसके स्मृति पटल पर उभरती चली गयी। अब उसे पता चला कि जिसे वह स्वप्न समझ रही थी, वह सच्चाई थी। उसे यह भी याद आया कि उस दिन घर में वह माँ के साथ अकेली थी, उसके पिता और दोनों भाई केदारनाथ में थे।

माँ का हाथ छूट गया था उस रात, सिर्फ़ इतने तक याद है, लेकिन उसके बाद क्या हुआ उसे कुछ भी याद नहीं।

'लेकिन चाचा क्या केदारनाथ में भी...?' उसका सवाल पूरा भी नहीं हुआ था कि कमल बोल पड़ा, 'हाँ बेटी, वहीं से तो शुरू हुआ सब, केदारनाथ तबाह हो चुका है, कोई कह रहा है बादल फटा है तो कोई ग्लेशियर फटना बता रहा है, लेकिन हुआ क्या है यह तो ईश्वर ही जानता है। लाशों के ढेर लगे हैं वहाँ। ऋषिकेश तक तबाही के निशान दिख रहे हैं।'

अपनी ही रौ में उसे यह भी सुध नहीं रही कि उसके इस तरह भावावेश में बहने से उस मासूम पर क्या गुज़रेगी। अपनी परेशानी में वह तो जैसे भूल ही गया था कि लक्ष्मी के दोनों भाई और पिता भी उन दिनों केदारनाथ में ही थे।

कमल से घटनाक्रम की जानकारी पाकर लक्ष्मी के माथे पर चिन्ता की रेखाएँ उभर आयीं।

चारधाम यात्रा उन दिनों चरम पर थी, देश के अनेक राज्यों से श्रद्धालुगण गंगोत्री, यमुनोत्री सहित भगवान बदरीनाथ और केदारनाथ की यात्रा पर आये हुए थे। केवल देशभर से ही नहीं, वरन विदेशों से भी बड़ी संख्या में लोग हर साल की तरह इस बार भी इन चारधामों के दर्शन को पहुँचे थे।

विश्वप्रसिद्ध चारधामों में से एक धाम है 'केदारनाथ'। इसी के निकट ही तो था लक्ष्मी का गाँव भी। यहाँ निकटवर्ती अनेक गाँवों के लोग इन यात्रा मार्गों और केदारनाथ व अन्य धामों में छोटा-बड़ा व्यवसाय करके अपनी आजीविका चलाते हैं। लक्ष्मी के पिता की भीं केदारनाथ में एक दुकान थी।

मई-जून का समय था। इन दिनों स्कूल की छुट्टियाँ थीं। यात्रियों का आवागमन भी अपने चरम पर था इसलिए लक्ष्मी के पिता ने सोचा कि क्यों न हाथ बँटाने के लिए दोनों बेटों को अपने साथ केदारनाथ ले चलूँ।

गाँव के अधिकांश लोगों का रोजगार भी इस धार्मिक पर्यटन पर ही आधारित है, गाँव से लेकर केदारनाथ तक के जितने प्रमुख पड़ाव थे उन पर अधिकांश लोगों का छोटा-बड़ा कारोबार था। कहीं कोई फूल-मालायें बेचता, कोई प्रसाद की थालियाँ तो कोई रिंगाल से बनी हुई छोटी-छोटी टोकरियाँ। इसी छह-सात माह के यात्राकाल में वे वर्षभर की आजीविका कमा लेते हैं। इस वर्ष तो बहुत यात्री आये थे। यात्राकाल का चरम समय था यह। इसी कारण गाँव के अधिकांश पुरुष इन्हीं पड़ावों पर थे। गाँव में रह गयी थीं तो सिर्फ़ महिलाएँ, छोटे बच्चे व कुछ वयोवृद्ध लोग।

लक्ष्मी की आँखें पथरा-सी गयीं, कुछ देर पहले देखा स्वप्न हक़ीक़त बन सामने खड़ा था। यह हक़ीक़त स्वप्न से कहीं अधिक भयावह थी। स्वप्न में तो माँ का हाथ छूटा था, लेकिन हक़ीक़त में पिता और भाई भी छूट गये। अब बची थी तो बस ऊपर वाले पर भरोसे की डोर। इसलिए लक्ष्मी का शंकित मन दुआ माँगने लगता। मन-ही-मन लक्ष्मी प्रार्थना करने लगी। इस दुश्चिन्ता ने उसे अन्दर तक हिलाकर रख दिया। हे ईश्वर! हे केदारनाथ जी! उन्हें सही-सलामत रखना।

तीन

लक्ष्मी को अब कुछ-कुछ याद आने लगा था, दो दिन-दो रात अनवरत वर्षा से मन्दाकिनी नदी के जल में उत्तरोत्तर वृद्धि हो रही थी। इसी जीवनदायिनी पावन नदी के किनारे बसा था उसका ख़ुशहाल गाँव। नदी का स्वच्छ, शीतल जल, जहाँ गाँव के बान्शिदों व ढोर-डंगरों की प्यास हरता, वहीं सीढ़ीनुमा खेतों की सिंचाई कर उनकी उपज भी बढ़ाता। मन्दाकिनी का यही पानी उफनकर आज समूचे गाँव को लील गया था। लक्ष्मी को उस मनहूस घड़ी से पूर्व की एक-एक चीज याद आने लगी।

माँ का चिन्तातुर चेहरा फिर आँखों में उभर आया, वह कह रही थी, 'अपने होशो-हवास में मैंने कभी जून के महीने में इतनी वर्षा नहीं देखी, अभी तो बरसात की शुरुआत ही है', उसे याद हो आया दिन में ही खेत की तरफ़ गयी थी माँ। कुछ खेत तो तभी कटने लगे थे नदी के कटाव में। लेकिन अड़तालीस घण्टे की निरन्तर वर्षा के बाद की यह रात कालरात्रि बनकर आयेगी ऐसा किसी ने नहीं सोचा था।

धीरे-धीरे उसे सबकुछ याद हो आया। मन्दाकिनी का जल अनवरत रूप से बढ़ रहा था और अब उसने घरों में भी अतिक्रमण करना आरम्भ कर दिया था। बाहर कुछ आवाज़ें आने लगीं, नदी के किनारे स्थित घरों की ओर कोलाहल बढ़ रहा था। ऐसा प्रतीत हो रहा था जैसे लोग घरों से बाहर निकल आये हैं। तभी उसने पूछा था।

'माँ, तू ये आवाज़ें सुन रही है।'

माँ बोली, 'हाँ! लगता है कुछ गड़बड़ है।' साथ ही वो चिन्तित भी हुई। 'यहाँ ये हाल हैं तो ऊपर केदारनाथ जी में तो न जाने क्या हो रहा होगा!' माँ की चिन्ता पति व दोनों बेटों को लेकर होना स्वाभाविक ही था, आख़िर मन्दाकिनी यहाँ कहर बरपाने वाली स्थिति में आ गयी थी, उसी मन्दाकिनी के ढलान पर तो स्थित था केदारनाथ।

लक्ष्मी को गाँव वालों की वह हाँक भी याद आ गयी जो चिल्ला-चिल्लाकर कह रहे थे-'निकलो बाहर, बहुत ख़तरा हो गया है। घरों के अन्दर से भाग निकलो।' और तभी तेज़ आवाज़ के साथ मलबा घर के अन्दर घुस आया था। घबराकर उसने रोटी पकाती माँ को पुकारकर कहा था-

'माँ बाहर निकल।' उस आपाधापी में भी माँ ने बड़ी हसरत भरी नज़रों से कपड़े-गहनों के सन्दूक की ओर देखते हुए कहा था, 'घर चला भी गया तो कम से कम अपने गहने तो बचा ले वह, विपत्ति में काम आयेंगे।' लेकिन उसे क्या पता कि इससे भी बड़ी विपत्ति आने वाली है। चारों ओर अन्धकार छा गया, बिजली चली गयी थी। लक्ष्मी को उस हर बात का भी अफ़सोस सता रहा था कि वह माँ पर झल्लाई थी-'यहीं दबकर मरना चाहती है क्या?' फिर मोबाइल की रोशनी में वह माँ का हाथ पकड़कर बाहर खींच लायी थी।

बाहर का दृश्य और भी भयावह था। बिजली चमकती और उफनती मन्दाकिनी दिखाई देती, ऊपर से पहाड़ टूट रहे थे, नदी काल बनी थी, जो भी राह में आ रहा था उसे बहाती जा रही थी, मानो क्रोधित नागिन फुँकार रही हो।

गाँव के कुछ लोग पंचायतघर में इकट्ठे हो रहे थे, इधर-उधर आवाज़ें लगाई जा रही थीं। वह भी माँ का हाथ थामे उस ओर भागने लगी। अचानक तेज़ आवाज़ के साथ बिजली चमकी, पीछे चल रही माँ सँभल नहीं पायी और प्रचण्ड बहाव वाले मलबे की चपेट में आ गयी, उसे याद है, उसने कैसे पूरी ताकत लगाकर माँ को खींचना चाहा था लेकिन मलबे की शक्ति के आगे उसे हार माननी ही पड़ी थी।

माँ की वो दर्द भरी ममतामयी आख़िरी आवाज़ याद आते ही वह फफक कर रोने लगी।

लक्ष्मी पूरी ताकत से चीखी– 'कोई मेरी माँ को बचाओ।'

लेकिन सुनता भी कौन! एक ओर आसमानी चिंघाड़ और दूसरी ओर जान बचाने के लिए भागते लोगों की चीख-पुकार, ऐसे में खो गयी थी उसकी मासूम आवाज़।

पंचायतघर की ओर भागते दो लोग लक्ष्मी को उस ओर खींच ले गये। वह रास्ते भर चिल्लाती रह गयी।

'मेरी माँ...वह बह गयी...डूब गयी...उसे बचाओ कोई।' पर सब बेकार। वहाँ तो अपनी ही जान के लाले पड़े थे, वे दूसरे को कैसे बचाते।

लक्ष्मी ने खीझकर कहा, 'मैं अपनी माँ को खुद खोजकर लाती हूँ।'

तभी सुशीला भाभी ने उसे रोक लिया। लक्ष्मी ने रूँधे कण्ठ से कहा तो भावुक होकर भाभी ने समझाया, 'कहाँ जायेगी इस अन्धकार में, सुबह होने दे तब देखेंगे।'

'सुबह तक वह मिलेगी क्या?'

'इस समय मिलेगी क्या? अन्धकार कितना है बाहर?' बात मान लेने के सिवाय कोई चारा भी नहीं था, फिर सुशीला भी तो लक्ष्मी की तरह ही इस त्रासदी का महादंश झेल रही थी।

सुशीला अपने छह माह के बच्चे को छाती से चिपकाये बैठी थी, उसके पति का केदारनाथ में छोटा-सा होटल था। डेढ़ वर्ष पहले ही तो उसका ब्याह हुआ था। घर में सास-ससुर, जेठ-जेठानी, देवर, ननद, भरा-पूरा परिवार। ससुर अपने तीनों बेटों सहित इस वक़्त केदारनाथ में फँसे थे। घर में थीं दोनों बहुएँ, सास और बच्चे वे सभी यहीं मौजूद थे इस समय। ऐसी घोर विपत्ति के समय भी सुशीला का धीरज देख, लक्ष्मी में भी धैर्य बँधने लगा।

चार

वह रात कुछ ज्यादा ही लम्बी थी। उस पंचायतघर में जितने भी लोग थे, उनमें से छोटे बच्चों को छोड़कर किसी की भी आँख एक पल को भी नहीं मुँदी। तड़के सुबह, हल्की दिशाएँ फटने लगी तो लक्ष्मी तुरन्त बाहर निकल आयी।

बाहर उसने जो नजारा देखा वह अकल्पनीय था। फ़िल्मों में भी अगर विध्वंस के ऐसे दृश्य दिखते, तो वह अतिशयोक्ति भरे लगते, लेकिन आज उससे भी भयावह दृश्य हक़ीक़त में सामने था। शान्त जीवनदायिनी मन्दाकिनी फुँकार मारती कई फुट ऊपर बह रही थी। उसके साथ बह रहा था ढेर सारा मलबा, बड़े-बड़े पेड़ और पत्थर। उसके रास्ते में खेतों, जानवरों, मकानों आदि सभी को बहा ले जा रहा था उसका प्रचण्ड वेग।

चारों ओर प्रलय-सा मंजर था, कहीं नदी कहर बरपा रही थी, तो कहीं पहाड़ दरक रहे थे, कुछ घर पूरे तहस-नहस हो गये थे, तो कुछ आधे ज़मीन पर और आधे हवा में लटके हुए थे। पंचायतघर ही न जाने किस दैवयोग से अभी तक बचा हुआ था।

लक्ष्मी ने आगे बढ़कर उस स्थान तक पहुँचने की कोशिश की, जहाँ पर रात माँ का हाथ छूटा था। वह पगडण्डी तहस-नहस हो चुकी थी, बाकी जो बची थी वह लगातार वर्षा से इतनी फिसलन भरी हो चुकी थी कि चलना भी मुश्किल था।

कल तक पेड़ों के झुरमुटों और कल-कल करती मन्दाकिनी की शीतल धारा के किनारे बसा उसका खुशहाल गाँव कितना सुन्दर और रमणीक दिखता था, आज यही गाँव श्मशान जैसा नज़र आ रहा था।

जगह-जगह पत्थर के बड़े-बड़े बोल्डर, पेड़-पौधों के ठूँठ और मलबा बिखरा पड़ा था, ऐसा लग रहा था मानो यहाँ पर कभी कोई गाँव था ही नहीं।

दोनों हाथ ज़मीन पर टेक किसी तरह लक्ष्मी पगडण्डी पर उतरी। इधर-उधर कुछ खोजने का प्रयास किया, लेकिन कुछ न मिला। हालाँकि कल उस घटना के बाद अभी तक दस घण्टे से अधिक का समय बीत चुका था, प्रकृति की विनाश लीला के चिन्ह देखते हुए तो ऐसा लगता था कि यहाँ अब जीवन के कोई भी चिन्ह शेष नहीं होंगे, लेकिन मन था कि जो मानने को तैयार ही नहीं...। एक उम्मीद की किरण बाकी थी मन में, कि हो सकता है माँ कहीं पर किनारे लग गयी हो या फिर कहीं बेहोश पड़ी हो, इस किनारे से उस किनारे काफ़ी दूर तक वह कीचड़ और दलदल में बचती-बचाती घूम आयी थी, किन्तु सन्तुलन साधने की कोशिशों के बावजूद उसका पैर फिसला और तीन-चार फीट नीचे तक उसके पैर धँस गये। वह दलदल से खुद को निकालने का प्रयास करने लगी। जितना वह निकलने की कोशिश करती, उतना ही नीचे धँसती जाती। उसे लगा अब वह भी पूरी तरह मलबे में समा जायेगी।

तभी ऊपर से एक बड़ा पत्थर लुढ़कता हुआ आया और सीधा लक्ष्मी के घुटनों पर आ टकराया। दर्द की एक तीखी लहर उसकी नस-नस में समा गयी। एक लम्बी चीख के साथ वह होश खो बैठी।

पाँच

आज विक्रम के आई.ए.एस का परीक्षाफल भी आ गया। पूरे देश में टॉप 100 में उसका नाम था। अख़बार में अपने नाम पर निगाह पड़ते ही उसका रोम-रोम पुलकित हो उठा था।

वह सबसे पहले यह ख़ुशख़बरी अपने माँ-पिताजी को सुनायेगा। फिर सुनायेगा लक्ष्मी को, कितना ख़ुश होंगे वे सब यह जानकर कि उनका बेटा देश की सबसे बड़ी प्रशासनिक सेवा की परीक्षा में पास हो गया है। लक्ष्मी तो झूम ही जायेगी यह ख़बर सुनकर।

उसे यह ख़बर जल्द से जल्द अपने घर पहुँचाने की उत्सुकता थी। काश पंख होते तो वह उड़कर अभी माँ, पिताजी के पास चला जाता। उसने आनन-फानन में अपना बैग उठाया और बस अड्डे की तरफ़ चल दिया। कम-से-कम आधा रास्ता तो तय हो जायेगा आज।

'अरे बेटा, तुम्हारे पहाड़ में तो कल तबाही हो गयी।' बस अड्डे पर पहुँचते ही वहाँ पर चाय की ठेली लगाने वाले श्याम सुन्दर चाचा ने उससे कहा। वे मूल रूप से दरियाबाद के रहने वाले थे और पिछले दो सालों से देहरादून में ही रह रहे थे। विक्रम अक्सर सुबह की चाय पीने ठीक छह बजे इसी ठेली पर आ जाता था। श्याम सुन्दर जी में उसे अपनत्व का अहसास होता था, आख़िर व्यवहार ही कुछ ऐसा था चाचा का।

'काका ऐसा ही है हमारा पहाड़, यहाँ बारिश के मौसम में कुछ

न कुछ होता रहता है। बरसात तो छोड़ो, सूखे दिन-दोपहर में भी कहीं सड़कें टूट जाती हैं, तो कहीं पहाड़ के पहाड़ दरक कर नीचे आ जाते है। जीवन के अट्ठारह वर्ष इन बीहड़ पहाड़ों में ही गुजारे काका मैंने, अब तो आदत-सी बन गयी है।'

हालाँकि पिछले कुछ सालों से पढ़ाई के सिलसिले से वह देहरादून में रह रहा था, इसलिए अब कुछ-कुछ शहर के माहौल में ढल गया था।

हाँ पहाड़ी पत्थरों (पठालों) की छत वाली कच्ची झोंपड़ी में रहने वाले माता-पिता का खयाल उसे अवश्य आ जाता था।

'बस कुछ दिन और।' वह मन-ही-मन कहता, इसके बाद वह उनके सारे कष्टों को दूर कर देने वाला था।

'कल रात समाचार में देखा था, कौन-सी जगह थी, हाँ! उत्तरकाशी, वहाँ बड़ी-बड़ी इमारतें नदी में समाती दिख रही थीं।' उन्होंने फिर कहा।

'उत्तरकाशी? हाँ, मेरे जिले के बगल का ही तो जिला है। वहाँ प्राकृतिक आपदाएँ बहुत आती हैं। क्या चमोली, रूद्रप्रयाग की भी कोई ख़बर थी?' एक पल को वह परेशान हो गया।

'नहीं बेटा, और तो कुछ नहीं था, लेकिन केदारनाथ मन्दिर का जिक्र आया था।'

'केदारनाथ! वहीं तो गाँव है हमारा। क्या वहाँ के लिए भी कुछ ख़बर थी?'

'हाँ, सुना है वहाँ भी काफ़ी नुकसान हुआ है।'

सुनकर विक्रम का चेहरा जैसे एकाएक बुझ-सा गया। इस ख़बर ने उसे हैरान-परेशान कर दिया, वह चाय भी पूरी नहीं पी पाया, उसे तो अब घर जाने की ही जल्दी थी।

ऋषिकेश तक की बस तुरन्त मिल गयी, लेकिन आज यह भीड़ सामान्य दिनों की अपेक्षा अधिक ही थी, साथ ही लोग कुछ घबराये से भी लगते थे।

सबकी घबराहट का कारण ऋषिकेश पहुँचते-पहुँचते उसकी समझ में आ गया। गंगा अपने रौद्र रूप में बह रही थी। जिन घाटों पर लोग स्नान किया करते थे, उनका अस्तित्व आज गंगा में समा गया था।

'इतनी अधिक वर्षा? उसके घर का क्या हुआ होगा? ऐसा लग रहा है जैसे टनों मिट्टी बहकर नदी में आ गयी हो।' विक्रम सोचने लगा।

पिछले तीन वर्षों से वह देहरादून के एक नामी संस्थान से आई.ए.एस. की कोचिंग कर रहा था। इसी वर्ष उसका बी.ए. स्नातक भी पूरा हुआ। जब वह गाँव से पहली बार देहरादून आया था तो उसे आभास हुआ कि दुनिया कितनी बड़ी है, आख़िर गाँव का एक अबोध बालक ही तो था वह...।

इन तीन वर्षों में क्या-क्या नहीं देखा उसने। जीवन में कई उतार-चढ़ावों से गुजरा था वह। कई बार तो बीच में कोचिंग छोड़ने की नौबत तक आ गयी थी। बेचारे पिताजी दिहाड़ी-मजदूरी कर जैसे-तैसे दो-चार हज़ार रुपये ही भिजवा पाते थे। लेकिन उससे देहरादून जैसे शहर में होता भी क्या? आख़िर खाने के लिए भी तो चाहिए, फिर लत्ता-कपड़ा, कॉपी-किताब, कोचिंग फीस और कमरे का किराया भी तो था।

इसलिए उसने अपने कोचिंग की फीस और अपने निजी खर्चों को निकालने के लिए बच्चों को ट्यूशन पढ़ाना शुरू कर दिया था। ट्यूशन से प्राप्त पैसों से वह अपनी कोचिंग फीस, स्नातक फीस, कमरे का किराया और खाने का पूरा खर्च निकाल लेता था। हालाँकि बी.ए. उसने राज्य के मुक्त विश्वविद्यालय से किया, जिससे वह अपना पूरा समय कोचिंग व प्रतियोगी परीक्षाओं की तैयारी में दे सके।

उसकी कड़ी मेहनत और माँ-पिताजी के ही शुभाशीष का परिणाम था कि उसे अपने पहले ही प्रयास, मात्र 21 वर्ष की आयु में सफलता मिल गयी।

छह

बस में बैठे–बैठे ही उसके मस्तिष्क में पुरानी स्मृतियाँ ताजा हो उठीं। एक दिन की वर्षा में ही उनकी कच्ची झोंपड़ी जगह–जगह से टपकने लगती थी फिर आज इतनी भयानक आपदा में क्या हाल हुआ होगा? सोचते ही उसकी बेचैनी और बढ़ जाती थी। यकायक उसकी याद ताजा हो आयी, पिता बारिश में ही छत पर जाकर रिसाव तलाशने का प्रयास करते और माँ उन स्थानों पर परात, थाली इत्यादि रख मिट्‌टी–गोबर से लिपे फर्श को बचाने का प्रयास किया करती।

उसे याद आया कैसे भारी बरसात में कई बार पूरी छत से ही पानी के नाले पर नाले बहने लगते। बरसात समाप्त होते ही छत की मरम्मत का काम होता, जिसके लिए पैसे जुटाने के लिए माता–पिता दोनों को जी तोड़ परिश्रम करना होता।

ऋषिकेश से आगे जाने को अब कोई तैयार ही न था।

'आगे सड़कें बन्द हैं।' एक ड्राइवर ने बताया।

'लेकिन घर पहुँचने का कोई तो रास्ता होगा?' घर पहुँचने के उसके उत्साह पर यूँ तुषारापात होगा, उसे उम्मीद न थी।

पहाड़ों में बारिश में सड़क मार्गों का टूटना आम बात थी, लेकिन यात्रा मार्ग होने के कारण अधिक समय तक मार्ग बन्द नहीं रहता था।

'आज मार्ग बन्द होगा, कल खुल जायेगा शायद।' उसने सोचा।

उस रात उसे वहीं रुकना पड़ा। उसके पास सिर्फ़ किराये भर के पैसे बचे थे। इसलिए वह रात उसे बस अड्डे पर ही गुज़ारनी थी।

'रास्ता जितना लम्बा होगा उतना ही किराया भी तो अधिक होगा, उसके पास तो इतने पैसे भी नहीं।' उसने मन-ही-मन सोचा ट्यूशन पढ़ाना ही तो उसकी आय का एकमात्र साधन था, उसमें से जो बचा था उसमें वह माँ-पिताजी के लिए एक-एक जोड़ी कपड़े ले आया था।

'तू अपनी पढ़ाई पूरी कर, कुछ बनकर दिखा, तब लेकर आना हमारे लिए कुछ।' पहली बार जब वह माँ के लिए एक सूती धोती लेकर गया था, तो आँखों का गीलापन छुपाते हुए माँ ने उसे प्यार भरा उलाहना दिया था। पूरे वर्ष तक उसने उस धोती को यत्न से सँभालकर रखा और तभी पहना जब विक्रम अगली बार एक और धोती उसके लिए लेकर गया।

'माँ अब तो पहन ले इसे।'

विक्रम के लाये हुए उस पहले नये कपड़े को पहन सौणी का रोम-रोम पुलकित हो उठा था, उतरनों के स्पर्श से कितनी अलग थी इस स्पर्श की मधुर अनुभूति।

माँ की उस ख़ुशी की अनुभूति से विक्रम की आँखें आज फिर नम हो आयीं।

विचारों की उधेड़बुन में सारी रात गुजर गयी, लेकिन एक पल के लिए भी उसकी आँख न लगी।

सुबह पाँच बजे से बस अड्डे पर कुछ चहल-पहल होनी शुरू हुई तो उसने श्रीनगर की ओर जाने वाली गाड़ियों को ढूँढ़ना शुरू किया।

थोड़ी देर में एक जीप मिल गयी, दो किमी. आगे बढ़ते ही दुश्चिन्ताएँ फिर से फन उठाने लगीं। जितना वह उन्हें दबाने का प्रयास करता, उतनी ही तीव्रता से वह सिर उठाने लगतीं। गंगा समस्त तटबन्धों को तोड़ती भयंकर शोर के साथ आगे बढ़ रही थी, मानो सारे हरिद्वार-ऋषिकेश को डुबोने की तैयारी में हो।

जिस मार्ग से वह अक्सर घर आया-जाया करता, वह गंगा नदी के किनारे-किनारे ही चलता था। देवप्रयाग में भागीरथी और अलकनन्दा मिलकर गंगा कहलाती हैं। उसके बाद रुद्रप्रयाग तक अलकनन्दा और

रुद्रप्रयाग से आगे मन्दाकिनी। गंगा की सहायक नदियों में किसी का भी साथ राहभर न छूटता। मन को शान्ति देने वाली नदी आज पल-पल मन को डरा रही थी।

आठ-दस किमी. के सफर के बाद ही गंगा दिखनी बन्द हो गयी तो विक्रम ने चैन की साँस ली, लेकिन यहाँ के बरसाती गाड़-गधेरों का भी वही रौद्र रूप। इनमें भी पानी और वेग की कमी न थी, सड़कों पर कई जगह मलबा भी आ रहा था, लेकिन किसी तरह दो बजे तक वह श्रीनगर पहुँच ही गया। अब उसके पास मात्र सौ रुपये बचे थे, जिसके सहारे उसे अपने गाँव तक पहुँचना था।

लेकिन इस समय समस्या पैसे की कहाँ थी, जेब में हज़ारों रुपये हों या कुछ भी नहीं, सभी एक समान। साधनों की उपलब्धता हो तभी तो उसे क्रय किया जा सकता, अमीरी-गरीबी की खाई इस मुसीबत की घड़ी में साफ घटती दिखाई दे रही थी।

श्रीनगर के हालात आगे की स्थिति की झलक देने के लिए पर्याप्त थे। वापस लौटने वाले वाहनों की क़तारें लगी थीं, श्रीनगर से आगे ही सड़क मलबे से भरी पड़ी थी और वही मलबा कई पक्के मकानों के अन्दर समा गया था।

'यदि पक्के मकानों के ये हाल हैं, तो कच्चे मकानों का क्या हुआ होगा?' मन में सवाल उठा और साथ ही याद आया अपना झोंपड़ीनुमा घर।

कई विचार उसके मनो-मस्तिष्क में आ-जा रहे थे। वह जल्दी से जल्दी अपने गाँव तक पहुँचना चाहता था। काश उसके पंख होते तो...।

सात

मुख्य गाँव से थोड़ी दूर पर बसी थी वह बस्ती, जिसमें अधिकांश घर कच्चे ही थे। बस उतनी ही भूमि जिस पर मकान बना था उसके अलावा कुछ नहीं। उस भूमि का स्वामित्व भी उनका था या नहीं इसमें भी सन्देह ही था।

मिट्टी-गोबर से लिपी पत्थर की दीवारें, जिन्हें उसके पिता ने स्वयं चिना था और ऊपर स्लेट वाली पत्थर की छत, जिन्हें पहाड़ों में 'पठाळी' कहते हैं।

उसने सुना था कि पहाड़ी शैली से बनने वाले भवनों में स्लेट पत्थर का विशेष स्थान है, लेकिन गाँव में इस पत्थर की छत होना किसी वास्तुकला व शिल्प का प्रदर्शन नहीं, अपितु निर्धनता का प्रतीक ही अधिक था। पैसे वालों के मकान पर या तो टिन की छतें लग गयी थीं या पक्के लिंटर पड़ गये थे।

ज़मीन के उसी टुकड़े पर अगल-बगल मात्र दो कमरों का झोंपड़ीनुमा घर। पहला कमरा जिसमें गाय, बकरी भी बँधे रहते और दूसरा कमरा जिसमें एक कोने पर मिट्टी का बना चूल्हा और दूसरे पर एक नारियल की रस्सी से बुनी चारपाई। चारपाई के रस्से भी इतनी जगह पर कट चुके थे कि डर रहता न जाने कब वह ज़मीन से आ लगे।

चूल्हे वाले कमरे को माँ रोज गोबर-मिट्टी से लीप देती और उसकी

सौंधी-सी ख़ुशबू उस कमरे में फैल जाती। यद्यपि बगल के कमरे से आने वाली गोमूत्र, गोबर की गन्ध कभी-कभी उस ख़ुशबू से अधिक तीव्र होती, लेकिन क्या गन्ध तो क्या ख़ुशबू इसकी तो उन सबको आदत-सी पड़ गयी थी।

विक्रम के जन्म के समय सौणी मरते-मरते बची। विक्रम और सौणी दोनों किसी तरह बच तो गये, लेकिन फिर वह कभी माँ नहीं बन पायी। गरीबी और भुखमरी से जूझते परिवार के लिए शायद ईश्वर का यह प्राकृतिक परिवार नियोजन था। सौणी और उसका पति गेंदालाल मजदूरी कर परिवार का पेट पालते। सौणी गाँव के भूमिधर लोगों की महिलाओं के साथ उनके खेतों में काम करती और बदले में अनाज पाती। कुछ सहृदय परिवार उसके और विक्रम के लिए अपने फटे-पुराने कपड़े भी दे देते।

गेंदालाल अच्छा मिस्त्री था। पत्थर और मिट्टी से उसके द्वारा बनाई गयी दीवारें बरसों-बरस तक वैसी ही रहतीं। पहाड़ी क्षेत्र में उसके द्वारा लगाये गये पुश्ते (खेतों की दीवारें) कई बरसातों को आसानी से झेल जाते, लेकिन काम के बदले में पैसे तो बहुत ही कम लोग देते थे और देते भी तो चार के बदले केवल दो। बाकी अनिश्चित काल के लिए भविष्य की झोली पर टाल देते थे। अब तो पिछले कुछ समय से गाँवों में भी पक्के, सीमेंट के मकानों का प्रचलन बढ़ गया था, लोग बाहर के कुशल मिस्त्रियों को ही काम देने लगे थे जिससे उसकी रोजी-रोटी पर भी संकट मँडराने लगा था।

दोनों को ठीक से काम मिलता तो कम-से-कम भोजन की कमी न होती, घर में गाय होने से दूध-घी मिल जाता, दाल-सब्जी न मिल पाने की स्थिति में कभी दूध-रोटी खाकर ही गुजारा होता, तो कभी नमक-रोटी खाकर।

विक्रम की यादों में सबसे पहला दिन, उसके स्कूल जाने से पहले दिन का है, उससे पहले का वह कितना भी याद करने की कोशिश करे, कुछ धुँधला-सा भी याद नहीं आता।

गाँव के प्रधान के घर पर माँ उसे लेकर गयी थी, ग्राम प्रधान जो सेवानिवृत्त फौजी भी थे, बड़ी-बड़ी मूँछों को ताव देते हुए छज्जे में बैठे

हुक्का गुड़गुड़ा रहे थे और विक्रम व उसकी माँ नीचे आँगन में खड़े थे। विक्रम को उस पल की दो ही बातें सदा याद रहीं, एक तो प्रधान जी की मूँछें और दूसरा उस जंगले की नक्काशी। बड़ा होने पर तो कई बार उसने देवदार की लकड़ी पर उकेरी गयी उस नक्काशी को करीब से देखा था।

'तो स्कूल भेजना चाहती है तू इसे?' रोबदार आवाज़ में उन्होंने पूछा था।

'जी महाराज!' माँ हाथ जोड़े सिर झुकाये खड़ी थी।

बहुत बाद में विक्रम को पता चला था कि महाराज की यह पदवी उन्हें ग्राम प्रधान या किसी जमींदार खानदान का होने के कारण नहीं, बल्कि उच्च जाति में पैदा होने के कारण मिली थी। हर छोटी जाति का व्यक्ति हर बड़ी जाति के व्यक्ति को ऐसा ही कहता और कभी-कभी तो सम्बोधन 'ठाकुर महाराज' की पदवी तक चला जाता था।

धीरे-धीरे उसे यह भी पता चल गया था कि स्वतन्त्रता प्राप्ति के साथ-साथ राजे-रजवाड़े तो सब ख़त्म हो गये, लेकिन एक जाति विशेष में उत्पन्न होने के दम्भ ने बहुतों को अभी भी 'महाराज' बनाये रखा है।

'क्या करेगी पढ़ाकर? करनी तो मजदूरी ही है ना। गेंदालाल को बोल, मिस्त्री का काम सिखाए इसे।' बोले थे प्रधान जी।

सौणी कुछ कहने की हिम्मत जुटाती, इससे पहले ही नीचे रसोई में काम कर रही उनकी छोटी बहू आशा ने इशारे से उसे चुप करा दिया। लगभग एक वर्ष पूर्व ही ब्याह कर आयी आशा खूब पढ़ी-लिखी थी।

विक्रम को नहीं पता कि उसकी माँ अपने बच्चे के स्कूल जाने की अनुमति लेने वहाँ गयी थी या किसी सहायता के लिए, लेकिन छोटी बहू आशा को ढेर सारी आशीषें देती वह अगले दिन गाँव के प्राथमिक स्कूल में उसका दाखिला करा आयी थी। अगले दिन ही विक्रम के पास एक पुराना स्कूल बस्ता और उसमें कुछ किताबें आ गयीं। आज उसके पास भी कॉपी-किताब और बस्ता आ गया था। यह शायद आशा का ही उपकार था।

पहली बार किताबों और बस्ते का मधुर स्पर्श कर विक्रम का कोमल मन उत्साह से भर उठा। उसे जैसे आज मुँहमाँगी मुराद मिल गयी हो।

विक्रम को खेल-खिलौनों के एवज में कॉपी-किताबों से ही ज्यादा स्नेह रहा है। वह जब अपनी उम्र से बड़े बच्चों को बस्ता लटकाये स्कूल जाते देखता, तो उसका मन मचल उठता था।

आज छोटी बहू आशा के कारण ही वह स्कूल का मुँह देख पाया था। सचमुच उसके जीवन में आशा, आशा की स्वर्णिम रश्मि के रूप में आयी थी।

आठ

विवाह के कुछ समय बाद ही जब द्वार पर खड़ी इसी छोटी बहू आशा को दुलारने की नीयत से, दूसरी बस्ती की किसी महिला ने छू दिया था, तो आसपास खड़े सभी लोग उसके पीछे पड़ गये थे।

'देख नहीं रही तू? घर के अन्दर खड़ी है वह।' प्रधानी जोर से चिल्लायी।

'तो! इससे क्या फर्क पड़ता है?' कोई कुछ बोले इससे पहले आशा बोल पड़ी।

'तुझे किसने कहा बीच में बोलने को? चार अक्षर क्या पढ़ लिए दिमाग ख़राब हो गया, क्या सारी परम्पराएँ, नियम-कायदे भूल गयी तू?' सास ने आँखें दिखायी तो बड़ी बहू उसका हाथ खींचकर अन्दर ले गयी।

'छोटी जात है वह, तुझे घर के अन्दर छुएगी तो सारा घर अपवित्र हो जायेगा।' अन्दर जाकर जिठानी ने समझाया।

'लेकिन दीदी...।'

'बस अब चुप कर, यहाँ रहना है तो ऐसे ही रहना होगा।' जेठानी ने उसका मुँह तो बन्द करा दिया, लेकिन दिमाग में चल रही हलचल को कब तक रोक पाती।

आशा पढ़ी-लिखी थी। उसके परिवार वाले भी आधुनिक जीवनशैली को जीते थे। मूलरूप से तो वे चमोली जिले के ही रहने वाले थे,

किन्तु पिता की सरकारी नौकरी के चलते श्रीनगर, गोपेश्वर और अन्य शहरी इलाकों में ही उसका अधिकांश बाल्यकाल गुजरा, बड़ी जगहों पर बड़े समुदाय में रहने से उसकी सोच भी बड़ी हो गयी थी।

उसने पढ़ा था, विद्युत करंट एक अच्छा माध्यम पाते ही एक ओर से दूसरी ओर प्रवाहित होता है, लेकिन यहाँ तो अपवित्रता प्रवाहित हो रही थी और इसके लिए सुचालक, कुचालक की भी कोई परिभाषा नहीं बची थी। किताबों में पढ़े विज्ञान की इस व्यावहारिक तुलना से वह मन-ही-मन मुस्करा दी।

आशा की कृपा विक्रम पर हुई और कॉपी-किताबों के साथ-साथ उसकी स्कूल ड्रेस तक आ गयी। नहीं तो उसके पास था ही क्या ? दो पुराने पैंट, दो फटी-हाल कमीजें और एक जोड़ी चप्पल।

कक्षा में आगे कुछ टाट-पट्टियाँ बिछी थीं और पीछे कुछ पुराने फटे बोरे।

'वहाँ जाकर बैठ जा।' मास्टर जी ने उसे पीछे बैठने का संकेत किया।

उन बोरों पर उसी की बस्ती के पाँच-छह बच्चे बैठे थे और गाँव के बाकी बच्चे टाट पट्टियों पर बैठे थे, यहाँ भी सम्भवत: अपवित्रता के प्रवाह का नियम लागू था।

स्कूल में गाँव के प्रभावशाली लोगों का आना-जाना लगा रहता। उस एकमात्र प्राथमिक स्कूल में गाँव के हर तबके, हर जाति के बच्चे पढ़ते। मास्टरों का ध्यान अग्रिम पंक्ति पर अधिक होने के बाद भी छह माह बीतते-बीतते विक्रम उनकी निगाहों में अपनी उपस्थिति दर्ज कराने में सफल रहा। लेकिन इस उपस्थिति ने उसे टाट-पट्टी पर बैठने वाले बच्चों का दुश्मन अवश्य बना दिया।

अपने-आपको श्रेष्ठ साबित करने के लिए वे कभी उसकी फटी किताबों की खिल्ली उड़ाते, तो कभी कोई बच्चा उसके कपड़ों को अपनी उतरन बताकर परिहास करता।

अधिकांश मास्टर भी बच्चों के इस व्यवहार को देख चुप्पी साध जाते। आख़िर उन्हें उस गाँव में रहने के नमक का फर्ज जो अदा करना था। लेकिन इस फर्ज के दबाव के बाद भी वह विक्रम को पहली कक्षा

में तृतीय स्थान देने से न रोक पाये। कक्षा में किसको प्रथम आना है, किसको द्वितीय और किसको तृतीय, यह सब मास्टर जी के हाथ में नहीं होता था, इसमें गाँव के प्रधान और प्रभावशाली लोगों का ज़रूरी दखल होता था। विक्रम की प्रतिभा को आखि़र कैसे दबा सकते थे मास्टर जी। यूँ तो वह पहले स्थान का हकदार था, किन्तु मजबूरी में उसे तीसरा स्थान देना ही पड़ा।

'बच्चा बहुत होशियार है साहब, इससे ज्यादा कुछ नहीं हो सकता था।' अपनी सफाई हेडमास्टर ने उस बच्चे के पिता के समक्ष प्रस्तुत कर दी जो तृतीय स्थान हेतु दावेदार था।

माँ उस दिन कहीं से गेहूँ के आटे और गुड़ का प्रबन्ध कर आयी थी। अगली सुबह उसका हलवा बनाकर उसे पास के मन्दिर में प्रसाद के रूप में भी चढ़ाया था माँ ने।

पहली परीक्षा पास करने की वह मिठास आज भी उसकी जिह्वा में समायी हुई है।

नौ

पहली कक्षा में तृतीय स्थान पाने से उसका और माता-पिता दोनों का हौसला बढ़ा, लेकिन कक्षा में उसके बैठने का स्थान अभी भी वही रहा, पीछे की फटी हुई बोरियाँ। दूसरी कक्षा में बहुत परिश्रम करने के बाद भी वह तृतीय स्थान से आगे न बढ़ पाया, लेकिन इस पर भी सब ख़ुश थे। आख़िर उस बस्ती में रहने वाला एक बच्चा प्रथम तीन स्थानों में अपना स्थान बना रहा था।

और तभी उसके जीवन में एक ऐसे व्यक्ति का आगमन हुआ, जिसने उसकी दिशा-दशा ही बदल दी। स्कूल में एक नये अध्यापक आये थे सोमनाथ जी। उन्होंने गाँव के ही रिटायर्ड सूबेदार महेश प्रसाद के सूने पड़े घर को अपना आशियाना बनाया। यूँ भी रोजगार पाने और रिटायर होने के बाद लोग अधिकांशतः बाहर पलायन कर गये, ऐसे कई घर हैं गाँव में जो कभी आलीशान हुआ करते थे और आज खँडहरों में तब्दील हो गये।

कुछ घरों में बिजली की रोशनी थी, तो कुछ में नहीं। कुछेक घरों में लालटेन और चिमनियाँ जलतीं, तो कहीं काँच की बोतल में मिट्टी तेल भरकर, उसमें कपड़े की बत्ती डाल चिमनी बना ली जाती। स्वयं निर्मित उस चिमनी से दीवारों पर इतनी कालिख लगती कि मिट्टी व गोबर की पुताई के बाद भी नहीं उतरती थी।

सोमनाथ जी ने बंजर घर में इन्सानियत की फसल बोनी प्रारम्भ कर दी। ये विक्रम का सौभाग्य ही था कि सोमनाथ जी तीसरी कक्षा के कक्षाध्यापक बने। कक्षा में आने के कुछ दिन बाद ही उन्होंने पहला काम फटी बोरियों को बाहर फेंकने का किया।

'सभी बच्चे इन्हीं टाट-पट्टियों पर बैठेंगे।' यह उनका आदेश था।

बच्चों ने ख़ुशी-ख़ुशी आदेश माना, लेकिन पूरे गाँव में यह ख़बर आग की तरह फैल गयी, शाम को ही प्रधान जी के आँगन में मास्टर जी की पेशी थी।

'इस गाँव की कुछ परम्पराएँ हैं मास्टर जी। उन्हें तोड़ने की कोशिश न करिए।' प्रधान जी का रोबदार स्वर उभरा।

'प्रधान जी, मैं परम्पराओं का सम्मान करता हूँ, लेकिन ये क़ानूनन सही नहीं है।' मास्टर जी का स्वर दृढ़ किन्तु विनम्र था।

'लेकिन यहाँ की प्रथा, समाज? उसको कौन सँभालेगा? जो वर्षों से चल रहा है उसे चलने दो। दो दिन हुए हैं यहाँ आये हुए, अपनी चलाने की कोशिश मत करो।' प्रधान जी का रोबदार स्वर और तीखा हो गया।

'आप ठीक कह रहे हैं, वर्षों से चली आ रही प्रथा को तोड़ना आसान नहीं, लेकिन इस क़ानून को बने भी बरसों हो चुके हैं। अस्पृश्यता अपराध है और बाकायदा इसके लिए जेल भी हो सकती है।' मास्टर जी भी अपने बात पर कायम थे।

'कौन करेगा शिकायत?' सत्ता और जातिगत अहंकार से उपजा दम्भी स्वर था प्रधान जी का।

'मैं!' आत्मविश्वास से परिपूर्ण स्वर था मास्टर जी का।

आँगन में जो जहाँ खड़ा था वहीं खड़ा रह गया। किसी के मुँह से बोल न फूटे। छोटी बहू आशा ने द्वार के कोने से झाँक कर देखा। तीस-पैंतीस वर्षीय एक निडर चेहरा...। उसके ससुर की आँखों से आँखें मिलाकर बात करने की हिम्मत रखने वाले इस युवक को देखने का लोभ वह नज़रंदाज न कर सकी।

'कहाँ जा रही है?' बड़ी बहू ने पीछे से आवाज़ दी, छोटी के विद्रोही तेवरों से भली-भाँति वाकिफ थी वह।

'डरो मत दीदी, कुछ नहीं कहूँगी मैं सिर्फ़ देखना चाहती हूँ उस इन्सान को, जिसमें लहरों के विरुद्ध चलने की हिम्मत है।'

अगले वर्ष ही पंचायत चुनाव होने थे, प्रधान जी कुछ सोचकर चुप रह गये। आख़िर एक मास्टर से बिगाड़कर उन्हें राजनीतिक हानि के अलावा और कुछ मिलने वाला नहीं था।

प्रधान जी को उम्मीद थी कि इस बार भी वह किसी-न-किसी तरह चुनाव जीत ही जायेंगे। वोटों का गणित उन्हें अच्छी तरह मालूम था, उन्हें यह भी मालूम था कि गाँव के मास्टर और पोस्टमास्टर स्थानीय राजनीति के ध्रुव भी होते हैं, इनके कहने पर किसी का भी राजनीतिक गणित सुधर-बिगड़ सकता है। समय की यही माँग थी कि वे मास्टर जी से अधिक बहस न करें, इसलिए उन्होंने चुप्पी साध ली।

दस

राजनीति में कभी भी, कुछ भी घटित हो सकता है। प्रधान जी का गणित भी परिसीमन के कारण बिगड़ गया। ग्राम प्रधान की यह सीट महिला आरक्षित हो गयी। अब प्रधान जी ने किसी तरह भी इस सीट को सामान्य करवाने हेतु ब्लॉक से लेकर जिला मुख्यालय तक दौड़ लगायी लेकिन सब व्यर्थ रहा। प्रधान जी को एक रबर स्टाम्प चाहिए था, इसलिए बहू को उम्मीदवार बना दिया। बहू आशा जीत तो गयी, लेकिन ससुर जी की मंशा पूरी न हो पायी। पढ़ी-लिखी और सुलझे विचारों की आशा ने धीरे-धीरे ससुर जी को बता दिया कि अब उनके गलत-सही कार्यों पर वह चुपचाप मोहर नहीं लगायेगी। पूर्व हो चुके प्रधान जी ने कुछ समय तक बहू को अपने प्रभाव से काम-काज की हिदायत दी किन्तु आशा ने अपने विवेक का अधिक उपयोग किया और उनकी सलाह का कम।

वातावरण बदला, स्कूल के दिन भी बहुरे और वहाँ के छात्र-छात्राओं के भी। कक्षा में अगले वर्ष प्रथम आने पर विक्रम मास्टर जी के साथ-साथ ग्राम प्रधान आशा का भी चहेता बना। परिवार के कुछ आर्थिक संकट भी दूर हुए।

विक्रम की किस्मत ने दूसरी अँगड़ाई तब ली, जब उसने पाँचवीं कक्षा में प्रथम स्थान के साथ-साथ जिला स्तर पर होने वाली छात्रवृत्ति परीक्षा में भी सफलता अर्जित की।

'आप दोनों को अब उसकी आगे की पढ़ाई के खर्चे की चिन्ता करने की ज़रूरत नहीं, वजीफा मिलेगा उसे।' पहले-पहल मास्टर जी ने ही यह ख़बर उसके माता-पिता को बताई थी।

लेकिन इस बार मुँह मीठा करने के लिए विक्रम की माँ को कहीं से गुड़ और आटा माँगने की ज़रूरत नहीं पड़ी।

'ये पूरे गाँव की सफलता है दीदी...। पहली बार गाँव के किसी बच्चे ने वजीफ़े का इम्तिहान पास किया है। आख़िर हमारे लिए भी तो गौरव का क्षण है ये।' यह कहते हुए ग्राम प्रधान आशा ने पास के कस्बे से लड्डू मँगवा कर पूरे गाँव में बँटवा दिये थे।

इसकी प्रतिक्रिया गाँव में कहीं अच्छी तो कहीं बुरी हुई, बस्ती के अदने से लड़के के लिए ऊँची जाति की प्रधान का यूँ ख़ुशियाँ बाँटना कइयों को हजम न हुआ।

'तुम्हें क्या ज़रूरत अब काम करने की, बेटा लाट साहब जो बनने जा रहा है।' सौणी खेतों में मजदूरी करने गयी, तो एक महिला ने ताना दिया।

'ठाकुर महाराज सब तुम्हारी कृपा है, तुम मदद न करते तो भूखों मर जाते। भगवान विक्रम को सकुशल रखे अभी तो वह बहुत छोटा है।' सौणी ने विनम्रता से हाथ जोड़ दिये।

वह सरल महिला इतना भी न जानती थी कि ये लोग कोई एहसान नहीं करते हैं। कभी बीमारी भी हो तब भी काम करना पड़ता है। उसे नहीं पता सरकार का न्यूनतम मजदूरी का कोई क़ानून भी है, लेकिन उसके एवज में उन्हें पूरी मजदूरी तक नहीं मिलती। फिर भी विक्रम को वजीफा मिलने से उसके आगे पढ़ पाने का मार्ग अवश्य प्रशस्त हुआ था। जिन परिवारों की कई पिछली पीढ़ियों ने स्कूल का मुँह भी न देखा था, उन्हीं में से एक लड़का पाँचवीं में प्रथम स्थान लाये, यह सभी के लिए अकल्पनीय था।

दूसरी ओर कुछ लोग उस बालक की प्रतिभा के भी कायल हो गये थे, जो इतनी गरीबी और अभावों के बावजूद भी सुविधासम्पन्न बच्चों को पछाड़कर अव्वल आया था।

ग्यारह

छठी से बारहवीं तक की पढ़ाई के लिए तीन मील की चढ़ाई चढ़कर स्कूल तक पहुँचना होता था। रास्ते में पड़ता घना जंगल, जिसमें जंगली जानवरों का भी भय रहता।

पिता आश्वस्त थे, लेकिन माँ का मन आशंकित हुआ।

'बच्चा ही तो है अभी, कैसे जायेगा इतनी दूर। अपनी आँखों के इस इकलौते तारे को जान से अधिक सँभालकर रखना चाहती थी वह।'

'आपकी ममता उसे कमजोर कर रही है। संसार के थपेड़े खाने के लिए उसे मजबूत बनाइये, आपको तो गर्व होना चाहिए कि आपका बेटा कितना होशियार है।' मास्टर जी ने माँ को समझाया।

माँ इन बातों का कितना मतलब समझी थी पता नहीं, लेकिन पहले दिन उसे स्कूल तक छोड़ने अवश्य आयी थी।

'वजीफा मिला है तुझे।' स्कूल के प्रधानाचार्य ने पूछा था। विक्रम सहम गया, प्रिंसिपल की मुखमुद्रा देखकर। उसे स्कूल के शुरुआती दिन याद आ गये, जब सबसे पीछे बैठकर आये दिन वजीफे के नाम पर टीचर और बच्चों की प्रताड़ना सहनी पड़ती थी।

'शाबाश बेटा। यहाँ भी मेहनत करना और स्कूल का नाम रोशन करना।' उनके ये शब्द सुनकर विक्रम और उसकी माँ दोनों की जान में जान आयी।

'साहब, छोटा बच्चा है, यही एक सहारा है हमारा, ध्यान रखना।' माँ ने प्रिंसिपल साहब के सामने हाथ जोड़ दिये।

माँ ने उस दिन एक सपना देखा। खुली आँखों का सपना। क्या मेरा बेटा भी कभी मास्टर बन पायेगा या किसी सरकारी दफ़्तर का बाबू।'

गाहे-बगाहे अपनी इस इच्छा को वह विक्रम के सामने जाहिर भी कर देती, ग्यारह-बारह बरस का विक्रम माँ के सपने को अपनी आँखों से देखने लगता, कभी मेज पर इकट्‌ठी फाइलों के पीछे बैठा बाबू तो कभी बच्चों को पढ़ाता मास्टर।

'मैं किसी बच्चे को न तो मारूँगा और न बेवजह डाटूँगा, सबसे एक जैसा व्यवहार करूँगा।' छोटा विक्रम अपने आरम्भिक दिनों को याद कर सोचता।

जैसे-जैसे विक्रम आगे बढ़ता गया, वैसे-वैसे अपनी पढ़ाई का खर्चा भी निकालता गया, आठवीं के बाद एक और छात्रवृत्ति की परीक्षा दी और उसमें भी सफल हुआ।

उसी के गाँव के लड़के जो आरम्भ में उसकी कामयाबी को संयोग मात्र समझते, वह भी उसकी सफलता का लोहा मानने लगे थे।

धीरे-धीरे बहुत कुछ बदलने लगा, लेकिन गाँव की परिस्थितियाँ नहीं बदलीं। उनके लिए वह, गाँव से दूर बस्ती में रहने वाला वही विक्रम था, जिसके माता-पिता उनके यहाँ मेहनत-मजदूरी करते थे। कुछ मित्र बने, लेकिन उनके घर के अन्दर तक जा चाय पीकर आना उसके लिए स्वप्न जैसा ही था।

'वह बहुत पढ़ेगा, नौकरी करेगा और एक दिन अपने माता-पिता को इस माहौल से बहुत दूर ले जायेगा।' उसका बालमन अक्सर ये सपने देखता।

वजीफा मिलता, लेकिन उससे तो उसकी पढ़ाई का खर्चा ही निकल पाता, उससे माँ-पिता के जीवन में कोई सुधार न आया। वही मेहनत, वही उपेक्षा, चेहरे पर वही दयनीय भाव।

'माँ तू मेहनत करती है, उसके बदले लोग अनाज देते हैं, तो फिर एहसान किस बात का। तेरी मेहनत का है ये।' माँ को लोगों के सामने बार-बार हाथ जोड़ते देख वह चिढ़ उठता।

'तू छोटा है, दुनियादारी नहीं समझता, उन्हीं की दया पर पलते हैं हम।' माँ का जवाब होता।

ये कैसी दया है, विक्रम समझ न पाता। बड़ा हुआ तो 'वर्ग व्यवस्था' से उपजी असमानताएँ उसे धीरे-धीरे समझ में आने लगीं। ये गाँव उनका भी था, लेकिन फिर भी अपना कुछ न था। गाँव का नाम एक ही था लेकिन दो हिस्सों में बँटा हुआ, एक हिस्से में लोगों के पास खेती की ज़मीनें थीं, किसी की कम किसी की ज्यादा। लेकिन दूसरे हिस्से के पास सिर्फ़ कुछ कच्चे झोंपड़ीनुमा घर, दूसरों के खेतों में मजदूरी करना और कुछ छोटे-मोटे हुनर से अपनी जीविका चलाना। यह सब ही तो जैसे उनकी नियति थी।

कुछ लोग बेहतरीन मिस्त्री थे तो कुछ लकड़ी पर नक्काशी का कार्य कर दरवाजे, खिड़की, जंगले बनाने का कार्य करते लेकिन अपने ही बनाये इन घरों के अन्दर प्रवेश नहीं पा सकते थे। एक तबका था जो पारम्परिक वाद्ययन्त्रों, पारम्परिक लोक-गीतों व संगीत का जानकार था, और व्रत, त्योहारों, विवाह समारोह में इन वाद्ययन्त्रों को बजाता लेकिन खुलकर इन उत्सवों में शामिल नहीं हो सकता था।

अब तो पिछले कुछ समय से बढ़ते शहरीकरण और मशीनीकरण ने पारम्परिक कलाकारों और हुनरमन्दों को भुला-सा दिया था। ढोल-दमाऊ के स्थान पर बैण्ड बजने लगा था। पत्थरों और पठालों के स्थान पर ईंट और सीमेंट के मकान बनने लगे। आजीविका के इस संकट ने सबको मजदूरी करने पर मजबूर कर दिया।

कुछ और बड़ा हुआ, तो एक और शब्द अक्सर उसके कान में पड़ता 'आरक्षण', पहले-पहल इसका उसे मतलब समझ में नहीं आया। बाद में कुछ साथियों ने समझाया कि उसकी जाति के लोगों को नौकरी में आरक्षण मिलता है।

'मतलब?' उसने पूछा।

'मतलब, कुछ प्रतिशत नौकरी सिर्फ़ तुम्हारे लिए। अलग से मेरिट बनती है।'

उसने सिर हिलाया, कुछ समझ में आया, कुछ नहीं।

दसवीं के बोर्ड में प्रदेश भर से तीसरा स्थान था उसका। स्कूल के इतिहास में पहली बार ऐसा गौरवपूर्ण क्षण आया।

'पास हो गया तू?' सरल माता-पिता ने पूछा था।

'हाँ हो गया।' उसने भी उसी सरलता से जवाब दिया। अनपढ़ माता-पिता, जिन्होंने कभी स्कूल की शक्ल भी न देखी थी, को समझाने की आवश्यकता ही न थी कि उसके नम्बर कितने आये हैं। उसका दसवीं पास कर लेना ही उनके लिए बहुत बड़ी खुशख़बरी थी।

'सिर्फ़ पास ही नहीं हुआ है आपका बेटा, इसने तो नाम कर दिया स्कूल का भी और गाँव का भी।' छोटी बहू बोली।

'सब आपका आशीर्वाद है। स्कूल पढ़ाना भी मुश्किल था हमारे लिए तो।' सौणी ने हाथ जोड़ दिये ग्राम प्रधान आशा के सामने।

'मैंने कुछ नहीं किया दीदी, तुम्हारा बेटा तो होशियार है, उसने अपनी मेहनत के बलबूते ही ये मुकाम हासिल किया।' आशा का विनम्रता से भरा जवाब था।

बारह

'अरे, तेरी तो नौकरी पक्की। वैसे इतनी मेहनत की ज़रूरत भी नहीं थी, तुझे तो कम नम्बर में भी नौकरी मिल जायेगी।'

एक साथी ने कटाक्ष किया तो विक्रम का मन कड़वाहट से भर गया।

'मेरिट में आने के लिए भी कोई आरक्षण होता है क्या हम लोगों के लिए?' न चाहते हुए भी मुँह से निकल ही गया।

'आरक्षण' ये एक शब्द कुछ समय से मन को कुरेद रहा था। खरोंच जब घाव बनकर दर्द देने लगी, तो जा पहुँचा उन्हीं मास्टर जी के पास जो खुद भी उन्हीं की बस्ती में रह रहे थे।

'आजादी के बाद ही लागू हो गया था आरक्षण।' विक्रम को बताया मास्टर जी ने।

'यानी पचास बरस से ऊपर हो गये।' उसने आश्चर्य व्यक्त किया।

'हाँ।'

'तो फिर हम आज तक इतने गरीब क्यों हैं? हमारी बस्ती आज भी कच्ची और गाँव से दूर क्यों है?'

'क्योंकि नौकरी पाने के लिए पढ़ाई तो करनी ही पड़ेगी। आरक्षण का लाभ भी तो वही ले पायेंगे, जो उसके लायक पढ़ाई कर पायेंगे।' मास्टर जी ने कहा।

'अब समझ में आया विक्रम की, किसी भी नौकरी को पाने के

लिए न्यूनतम दसवीं, बारहवीं की पढ़ाई तो करनी ही पड़ती और जहाँ सुबह-शाम के भरपेट भोजन की ही प्राथमिकता पहले हो, वहाँ पढ़ाई पर कौन ध्यान देता।

उसे समझ आने लगा कि गाँव के स्कूल से किसी तरह पाँचवीं क्लास पढ़कर पहाड़ के ये सारे बच्चे लग जाते हैं, माता-पिता के साथ पेट भरने के जुगाड़ में। लड़कियों की स्थिति तो और भी ख़राब थी, वह तो पाँचवीं भी न कर पातीं। ऐसे लोगों के लिए आरक्षण का क्या फायदा? आरक्षण का लाभ तो वे लोग ले रहे हैं जो पढ़-लिख गये। पहले पिता ने आरक्षण लिया, फिर बेटे ने, यही तो चल रहा है अब तक। जो दबे-कुचले हैं उनको तो आरक्षण शब्द का अर्थ भी अब तक मालूम नहीं हो पाया है।

'दसवीं करने के बाद कौन-सी नौकरी मिल सकती है?' उसने मास्टर जी से पूछा।

माता-पिता की यह स्थिति उसे बर्दाश्त न होती। वह तो जल्दी से जल्दी आजीविका का साधन तलाश कर, उन्हें गाँव में जगह-जगह हाथ जोड़कर काम करने से छुटकारा दिलाना चाहता था।

'क्या मिलेगा दसवीं पास करके? आजकल तो चपरासी बनने के लिए भी बारहवीं पास करना ज़रूरी है।' मास्टर जी की बात सुनकर विक्रम का चेहरा मुरझा गया।

'क्यों?' मास्टर जी के चेहरे पर प्रश्नचिन्ह उभर आया।

'काम करना चाहता हूँ, पैसा कमाना चाहता हूँ, माँ-पिताजी का लोगों के सामने गिड़गिड़ाना अच्छा नहीं लगता।'

'पागल हो गये हो तुम। जानते हो क्या स्थिति है इस समय तुम्हारी। अच्छा वजीफा मिलेगा, उससे पढ़ाई के साथ-साथ माँ-पिताजी की मदद भी कर पाओगे।' विक्रम कुछ न बोला। वह तो सिर्फ़ नौकरी करना चाहता था ताकि माँ-पिता के जीवन स्तर को सुधार सके। यही उसकी प्राथमिकता थी।

'विक्रम, तुम्हारे जैसा लाखों में एक होता है। इतने वर्ष उन्होंने दुःख झेला है, अब तो बस आदत है। इनके सारे दुःखों का, तुम्हें हरण

करना ही होगा, इतनी ख़ुशी दोगे तुम उन्हें, जितना उन्होंने सोचा भी नहीं होगा। इसके लिए तुमको आगे पढ़ना होगा।' विक्रम को भ्रम में पड़े देख मास्टर जी ने समझाया।

विक्रम की समझ में आया और वह आगे की पढ़ाई में जुट गया था।

घर से लेकर स्कूल के बारे में सोचते-सोचते न जाने कहाँ से कहाँ पहुँच गया था विक्रम, लेकिन माँ-पिता की चिन्ता उसे अपने अतीत से बाहर खींच लायी। मास्टर जी ने कहा था कुछ वर्षों में वह अपने माता-पिता को एक अच्छी ज़िन्दगी दे पायेगा, लेकिन आज कहाँ हैं वे? किस हालत में हैं? कुछ पता नहीं। उसे अपने सारे सपने धराशायी होते नज़र आ रहे हैं। क्या फायदा उसका पढ़-लिखकर? किसके लिए की उसने यह मेहनत? क्या यही दिन देखने के लिए पैदा हुआ था वह?

तेरह

केदारनाथ महाआपदा में बच निकले चन्द भाग्यशालियों में एक लक्ष्मी भी थी। उसे हेलीकॉप्टर से 'रेस्क्यू' करके लाया गया था अस्पताल तक। अब तक उसका कोई अता-पता नहीं था। गाँव के चाचा कमल ने ही उसके घर-परिवार की जानकारी दी थी। लक्ष्मी द्वारा पहचाने जाने पर नर्सों ने लक्ष्मी के बारे में कमल से पूरी जानकारी ली– 'आप पहचानते हैं इन्हें?'

कमल ने 'हाँ' में सिर हिलाया और बताया 'इसके पिता और दोनों भाई केदारनाथ में व्यवसाय करते हैं, जबकि माँ और लक्ष्मी ही उनके पीछे थीं गाँव में।'

कमल और नर्सों की बातचीत से ही लक्ष्मी को पता लगा कि यहाँ 'हेलीकॉप्टर' से लाया गया था उसे। यह सुनते ही उसे याद हो आया, जब पहली बार उसके पिता ने बताया था कि लोग अब उड़कर केदारनाथ जायेंगे।

'सच्ची पिताजी!' पंख निकल आयेंगे क्या उनके?' अपनी आँखों को और बड़ा करती नन्ही लक्ष्मी ने पूछा था।

'नहीं पागल, जहाज़ से जायेंगे, छोटा जहाज़, 'हेलीकॉप्टर' कहते हैं उसे।' पिता ने समझाया था मासूम को।

तब से न जाने कितनी बार अपने गाँव के ऊपर से उड़ते हुए इस छोटे जहाज़ को देखा था उसने।

थोड़ा बड़ी हुई तो कुछ किताबों में पढ़ा, कुछ देखा-समझा।

'दस मिनट लगते हैं फाटा से केदारनाथ पहुँचने में' उसके भाई ने उसे बताया था।

'सिर्फ़! दस मिनट? कितने मजे हैं इन पैसे वाले लोगों के। एक हम हैं, पैदल चल-चल के ही जान निकल जाती है।' पिछले ही वर्ष गयी थी वह गौरीकुण्ड से चौदह किलोमीटर का पैदल सफर तय करके केदारनाथ।

यह उसी की नहीं, हर आमजन की व्यथा-कथा है। मगर इस गरीबी और अभाव को प्रभु की निकटता से जोड़कर हमने ऐसी प्रभावशाली परिभाषा गढ़ रखी है कि उनमें अभावग्रस्त जीवन की कुण्ठा और असन्तोष न उपजे। उस कष्टकारी स्थिति में भी सन्तोष का परमभाव बना रहे। इसलिए कहा गया है, 'हर तीर्थ, हर दर्शन का पुण्य, कष्ट खाकर ही मिलता है, सुख भोग कर नहीं।'

पुण्य कमाने की यह सर्वव्यापी परिभाषा लक्ष्मी को समझाने और सन्तुष्ट करने के लिए सार्थक भी थी और पर्याप्त भी। आख़िर हर हालत में प्रसन्न रहने का बहाना ऐसे ही ढूँढ़ा जा सकता है।

'लेकिन भाई ऊपर से हमारा गाँव कैसा लगता होगा? छोटे-छोटे नज़र आते होंगे न सब आसमान से? एक बार मैं भी जाकर बैठूँगी हेलीकॉप्टर में।' मासूम लक्ष्मी की लालसा पुण्य का महात्म्य सुनकर भी कम न हुई।

आज उसे पता चला कि वह हेलीकॉप्टर में बैठकर आयी थी। जिस अनुभव को प्राप्त करना एक समय में उसका सपना था आज इन परिस्थितियों में वह गौण था। वह हसरत आज हालात के आगे बौनी हो गयी।

माता-पिता के साथ मेले में घूमता बच्चा जैसे हर वस्तु के लिए लालायित हो उठता है उसे खरीदने की जिद करता है, लेकिन जब वह वस्तु उसे नहीं मिलती, तो वह मचल उठता है, उस वस्तु के प्रति उसका आकर्षण और भी बढ़ जाता है, लेकिन वही बच्चा जब मेले की भीड़ में माँ-पिता से बिछड़ जाता है तो उसके लिए वह वस्तु गौण हो जाती है, तब उसे सिर्फ़ और सिर्फ़ अपने माता-पिता चाहिए।

आज लक्ष्मी की भी वही स्थिति थी, उसे सिर्फ़ अपने माता-पिता और भाई चाहिए थे और कुछ नहीं। वह अस्पताल के इस बेड पर पड़े-पड़े चिन्ता करने के अलावा और कुछ नहीं कर सकती थी। वहाँ की वास्तविक स्थिति से वह अब तक अनभिज्ञ थी। उसने जो कमल चाचा से या अन्य लोगों से आपस में बातचीत करते हुए सुना था, वही उसको उद्वेलित करने के लिए काफ़ी था।

यादों ने अधिक पीड़ा दी, तो लक्ष्मी की आँखें मुँदने लगीं। कानों में मन्दाकिनी के साथ-साथ लोगों की चीख-पुकार का स्वर गूँजने लगा, घबराकर उसने दोनों हाथों से कान बन्द करने का प्रयास किया। उसे लगा मानो वह कहीं गहरी खाई में समा रही है।

चौदह

प्रलय की उस काली रात को कमल वहाँ नहीं था। यूँ तो कमल यात्रा के समय अधिकांशतः अपने व्यवसाय को देखता और सोनप्रयाग, रामबाड़ा व केदारनाथ के बीच ही घूमता रहता, लेकिन एक स्थानीय जनप्रतिनिधि, जो उसका अभिन्न मित्र भी था, उसने उसे किसी आवश्यक कार्य से देहरादून चलने को कहा तो वह ना नहीं कर सका।

बारिश वहाँ भी थी, अड़तालीस घण्टे लगातार मौसम की इस बेरुखी पर सभी आश्चर्यचकित थे। मौसम विभाग के पूर्वानुमान को किसी ने भी गम्भीरता से नहीं लिया। 16 जून रविवार की शाम से अनहोनी का अन्देशा–सा होने लगा था, लेकिन कोई ख़बर न थी। पहली ख़बरें उत्तरकाशी जिले से आनी आरम्भ हुईं। कुछ स्थानीय समाचार चैनलों ने नदी किनारे बने बड़े-बड़े भवनों को पानी में समाते दिखाया, लेकिन चमोली व रुद्रप्रयाग जिले से कोई सूचना नहीं मिल रही थी।

'दो दिन और रुक जा, काम हो जायेगा तो फिर साथ ही चलेंगे।' मित्र ने कमल से कहा।

'नहीं, मैं आज ही निकलूँगा, कुछ अजीब–सा लग रहा है। यहीं इतनी बारिश है, तो वहाँ न जाने क्या हाल होगा।' अनजानी आशंका से कमल पौ फटते ही देहरादून से निकल पड़ा। ऋषिकेश पहुँचते–पहुँचते जो दृश्य उसके सामने था, उसने स्थिति की भयावहता का अनुमान तो लगा ही लिया।

गंगा समस्त तटबन्धों को तोड़कर बह रही थी। वर्षों से गंगा की धाराओं के बीच अडिग खड़ी शिव मूर्ति का कोई नामोनिशान नज़र नहीं आ रहा था। जिस गंगा को एक समय में शिव ने ही अपनी जटाओं में थामा था, आज वही गंगा शिवमूर्ति को अपने प्रचण्ड वेग से बहाकर ले गयी थी।

ऋषिकेश से बीस-पच्चीस किमी. आगे पहुँचने पर वाहनों की लम्बी कतारें मिलीं। पता चला कि आगे डेढ़-दो सौ मीटर सड़क के ऊपर से गंगा बह रही है। यह स्थान मुम्बई के 'मैरीन ड्राइव' की तर्ज़ पर यहाँ इसी नाम से पुकारा जाता है। कुछ ही फीट नीचे बहती गंगा की स्वच्छ धारा के साथ-साथ चलना निस्सन्देह मुम्बई के 'मैरीन ड्राइव' से अधिक सुकून देता है।

जगह-जगह दरकते पहाड़ों और उफनती गंगा के किनारों से जूझता कमल किसी तरह श्रीनगर तक पहुँचा, अलकनन्दा के तट पर बने इस शहर की स्थिति देख उसका भारी जन-धन की हानि होने का अन्देशा और प्रबल हो गया। यहीं अलकनन्दा नदी बदरीनाथ से उद्गमित हो, श्रीनगर से लगभग तीस किमी. आगे देवप्रयाग में भागीरथी से मिलकर गंगा का रूप धारण करती है।

श्रीनगर में भी आधा किमी. से अधिक सड़क के ऊपर से अलकनन्दा बह रही थी। जिन लोगों ने कभी सोचा भी न था कि उनके मकान भी असुरक्षित हो सकते हैं, उनके अन्दर अलकनन्दा का जल मलबे सहित भर गया। करोड़ों की लागत से बना एक सरकारी भवन भी ध्वस्त हो चुका था।

'हे ईश्वर!' कमल के मुँह से अकस्मात निकल आया, मन की चिन्ता भी बढ़ी। पैंतालीस वर्ष की अपनी आयु में जब से उसने होश सँभाला, तब से न जाने कितनी बार श्रीनगर, देहरादून की यात्रा की। विशेषतया राज्य बनने के पश्चात तो अक्सर देहरादून आना-जाना लगा रहता, लेकिन अलकनन्दा का ऐसा रौद्र रूप उसने कभी नहीं देखा था।

यों तो यह हिमालयी क्षेत्र प्राकृतिक आपदा के लिए बहुत ही संवेदनशील है। भूस्खलन तो लगभग हर बरसात में कहीं-न-कहीं होता ही है।

साथ ही बड़े भूकम्पों का भी यह इलाका गवाह रहा है। जनसंख्या घनत्व कम होने के कारण 1991 व 1999 में आये भूकम्पों की तीव्रता अधिक होने के बाद भी जानमाल की क्षति अधिक नहीं हुई, लेकिन जो इस समय दिख रहा है, यह तो प्रलय का-सा दृश्य उत्पन्न कर रहा है।

मन-ही-मन केदार बाबा को स्मरण कर कमल आगे बढ़ा। सुबह के चले कमल को रुद्रप्रयाग तक का सफर तय करते-करते साँझ हो गयी। रुद्रप्रयाग से देहरादून के इसी सफर को वह स्वयं गाड़ी चलाकर पाँच घण्टे में तय करता आया था।

रुद्रप्रयाग की स्थिति और भी अधिक विकट थी। केदारघाटी से उद्गमित मन्दाकिनी का उफान अपने चरम पर था और टूट-फूट करता आगे बढ़ रहा था। एक पैदल पुल भी इस उफान की भेंट चढ़ चुका था। अलकनन्दा और मन्दाकिनी के संगम पर स्थित मन्दिर की सीढ़ियाँ उस प्रवाह में विलीन हो चुकी थीं।

रुद्रप्रयाग में वाहनों की लम्बी क़तारें लगी थीं।

'कहाँ जाना है?' एक वाहन चालक ने पूछा।

'सोनप्रयाग।'

'रास्ता तो है ही नहीं।'

'मतलब?'

'टूट गया।'

'घर कैसे जाऊँगा?' उसने जैसे स्वयं से प्रश्न किया।

'कहाँ है तुम्हारा घर?'

'सोनप्रयाग।'

'बता रहे हैं अगस्त्यमुनि तक पहुँचना भी मुश्किल है।'

वह रात बहुत लम्बी थी। एक क्षण को लगा मानो वह रात थम चुकी हो जबकि बेचैनी निरन्तर बढ़ती जा रही थी। बहुत भीड़ होने के बाद भी निपट अकेलापन था। बहुत-सी बातें हो रही थीं। कुछ सच्चाई कुछ अफ़वाह। तब तक पता तो कुछ था नहीं। जो यहाँ दिखाई दे रहा था उसी से कयास लगाये जा रहे थे।

कमल को अपना दिल अब डूबता-सा प्रतीत हो रहा था। वह अनुमान लगाये जा रहा था, यहाँ यह हाल है तो ऊपर क्या होगा? जो मन्दाकिनी रुद्रप्रयाग में ऐसे फुँकार रही है, उसी मन्दाकिनी की सोनप्रयाग में क्या स्थिति होगी? जिस नदी ने हमेशा जीवन ही दिया है क्या वह विनाशक भी हो सकती है? न मालूम उसके घर की हालत क्या होगी? उसके माता-पिता, पत्नी, बच्चे किस स्थिति में होंगे?

पन्द्रह

शाम के चार बज चुके थे और विक्रम अभी तक रुद्रप्रयाग भी नहीं पहुँच पाया था। अलकनन्दा का आक्रोश अब उसे स्पष्ट दिखाई दे रहा था। उसी के किनारे-किनारे तो रुद्रप्रयाग तक पहुँचना था, रुद्रप्रयाग पहुँचा तो आगे जाने का कोई ठिकाना ही नहीं था।

उसके बाद के दो दिन कैसे बीते उसे नहीं पता। कहीं कोई लोकल टैक्सी मिली, तो कहीं पैदल ही जाना पड़ा। पैसे न जाने कब समाप्त हो गये, जूते फट गये। न जाने किन-किन ख़तरनाक राहों से गुजरा। रास्ते में ध्वस्त हुए पक्के मकानों को देखा, विनाश करती मन्दाकिनी को देखा और देखे नदी के साथ बहते बड़े-बड़े पत्थर।

पक्के मकान, लिंटर वाली छतें, जिनमें ढेर सारा सरिया लगा था, आधे लटक रहे थे हवा में। केदारघाटी में हुई तबाही की सूचना देश-दुनिया में पहुँच चुकी थी। जिन गाँवों में परिस्थितियाँ ठीक थीं, उन्होंने भूखे-प्यासे यात्रियों के लिए जगह-जगह लंगर लगाये थे, अपने घरों में रखे राशन को खिला दिया भूखे-प्यासे, बेहाल यात्रियों को और ऐसे ही कई लंगरों में पेट भरते हुए विक्रम आगे बढ़ा, लेकिन साथ ही कुछ लोग उसे ऐसे भी मिले जो पानी की एक लीटर की बोतल भी सौ रुपये में बेच रहे थे।

दो दिन बाद विक्रम गाँव पहुँचा। केदारनाथ के प्रमुख पड़ाव सोनप्रयाग से कुछ आगे स्थित इस गाँव के लोगों की प्रमुख आजीविका

यात्रा पर ही आधारित थी। पूजन सामग्री की दुकानें, होटल, लॉज से लेकर, घोड़े-खच्चर तक का काम यहाँ के बाशिन्दे करते और इसी से वर्षभर का गुजारा चलता।

मुख्य गाँव के पक्के मकानों को तो अधिक नुकसान नहीं हुआ था, लेकिन फिर भी मरघट जैसा सन्नाटा वहाँ पसरा था। दूर से ही प्रधान जी का घर दिखाई दिया, उसका मन हुआ ग्राम प्रधान आशा, जिन्हें अब वह चाची कहता था, से मिल ले लेकिन माता-पिता की सलामती जानने की उत्कण्ठा इतनी अधिक थी कि वह सीधे अपनी बस्ती की ओर चल दिया।

अपनी बस्ती पहुँचा तो उसे लगा कि आपदा भी कभी-कभी गरीबों पर ही अधिक आती है।

उसे देखकर बड़ा आश्चर्य हुआ कि गोबर के लिपे-पुते कच्चे मकान अब कीचड़ के ढेर में तब्दील हो चुके थे।

दूर से ही कमली ताई दिखाई दी तो वह बिजली की तेज़ी से उसके पास पहुँच गया।

उसका अपना घर तो जैसे कभी वहाँ था ही नहीं, पीछे की पहाड़ी दरक कर घर के ऊपर आयी और उसे मलबे का ढेर बना गयी।

'माँ-पिताजी?' उसने पूछना चाहा, लेकिन आस-पास के अधिकांश घर न तो रहने लायक थे, न ही जीवन के चिह्न उनमें नज़र आ रहे थे।

चौबीस घण्टे से चल रही निरन्तर वर्षा से कच्चे घर कीचड़ के तालाब में बदलने लगे, लग रहा था सब टूटकर बिखर जायेगा और समा जायेंगे सब इस धरती में या दफन हो जायेंगे ज़िन्दा ही इस मिट्टी-पत्थर के ढेर में।

'रात को ही कुछ नौजवानों ने बीड़ा उठाया और लोगों को घरों से बाहर निकाल दिया तब सभी लोगों को गाँव की प्राथमिक और जूनियर पाठशाला में शरण लेनी पड़ी, जो थोड़ा-सा सुरक्षित थी।' ऐसा उसे टूटी झोंपड़ी में कुछ बचा हुआ सामान तलाशने आयी कमली ताई ने बताया।

आपदा की भीषणता को देखकर उसे अचानक लक्ष्मी की याद आ गयी। क्या उसके गाँव में भी कोई नुकसान हुआ होगा।

'ताई जी, परकन्डाई गाँव के क्या हाल हैं?' उसने चिन्तित स्वर में पूछा।

'बेटा, उस गाँव में भी भारी तबाही हुई है, पता नहीं कितने मरे, कितने बचे। पर जो बचे हैं, उन्होंने स्कूल में शरण ले रखी है।' कमली ताई ने एक ही साँस में बता दिया।

दिल धक्क से रह गया उसका, कहाँ होगी लक्ष्मी और कैसी होगी? न जाने किस हाल में होगी। ईश्वर करे उसके साथ कुछ बुरा न हुआ हो। सैकड़ों सवाल उसके जेहन में आ-जा रहे थे। अब माँ-पिताजी की चिन्ता के साथ लक्ष्मी की चिन्ता भी उसके दिल में घर कर गयी थी।

सच पूछो तो लक्ष्मी भी उसकी प्रेरणा की एक स्रोत थी। हमेशा ही उसने उसे आगे बढ़ने के लिए प्रेरित किया था।

सोलह

लक्ष्मी! हाँ, लक्ष्मी नाम था उसका, 'जतो नाम ततो गुण' वाली कहावत एकदम चरित्रार्थ होती थी उस पर। सुन्दर, सौम्य चमकता हुआ चेहरा, चेहरे पर दो बड़ी-बड़ी झील जैसी आँखें, और आँखों में झलकती समुद्र जैसी गहराई।

लम्बी छरहरी काया और लम्बे घने बाल। सचमुच रूप की देवी लगती थी वह। सारी कॉलेज की लड़कियों को पंक्तिबद्ध किया जाय तो सब में नम्बर एक, रूप-यौवन में भी और बुद्धिमत्ता में भी। फुर्सत से बनाया होगा भगवान ने उसे।

वह जितनी सुन्दर थी, उतनी ही शालीन और प्रखर भी। सारे कॉलेज के लड़के उससे बात करने और उसकी नजदीकी पाने को तरसते थे, लेकिन वह थी कि किसी से नज़रें न मिलाती थी। तीन कक्षा पीछे थी वह विक्रम से, याने कि नौवीं कक्षा की छात्रा।

विक्रम के मन में उसके प्रति एक अलग प्रकार का आकर्षण था। आकर्षण रूप-यौवन को देखकर नहीं, अपितु उसकी प्रखरता और बुद्धिमत्ता से प्रभावित होकर। अपनी कक्षा में छठवीं से लेकर आठवीं तक वह अव्वल आती रही है। पहले नम्बर पर, ठीक विक्रम की तरह ही।

आठवीं कक्षा तक की पढ़ाई गाँव के जूनियर हाई स्कूल से करने के बाद अपने गाँव से दो किमी. दूर इस इण्टर कॉलेज में आयी थी लक्ष्मी।

दस गाँवों के मध्य स्थित था यह कॉलेज। पूरे इलाके के बच्चे पढ़ने आते थे इस कॉलेज में।

उसके साथ ही आठवीं कक्षा उत्तीर्ण करके उसकी दो अन्य सहेलियाँ और गाँव के दो और बच्चे भी इस कॉलेज में आये थे। इण्टर कॉलेज में आने का उत्साह एक ओर उसके मन को पुलकित कर रहा था तो दूसरी ओर एक अनजाना-सा भय भी मन के एक कोने में समाया हुआ था। नये-नये सहपाठी, नया कॉलेज, नये अध्यापक...। न जाने कैसे होंगे सब।

नयी कक्षा में अलग-अलग स्कूलों से आये छात्र-छात्राओं के बीच मेल-मिलाप और परिचय में ही सारा दिन बीत गया। छुट्टी की घण्टी बजते ही छात्र-छात्राएँ अपने-अपने घरों के लिए दौड़ पड़े।

अपनी दोनों सहेलियों के साथ वह भी गाँव के लिए चल पड़ी, अप्रैल माह की चिलचिलाती हुई धूप सीधे सिर पर पड़ रही थी। धूप की परवाह किये बिना वह सहेलियों के साथ हँसते-खेलते चढ़ाई चढ़ रही थी। गाँव और कॉलेज के ठीक मध्य में पीपल का एक सदियों पुराना पेड़ है, जिस पर एक चबूतरा बना हुआ है। पीपल के पत्तों से सरसराती हवा गर्मियों के इस मौसम में वहाँ बैठने वालों के मन-मस्तिष्क को बड़ा आराम देती है।

गाँव की घसेरियाँ, चरवाहे और स्कूली छात्र-छात्राएँ यहाँ पर पल भर के लिए विश्राम ज़रूर लेते हैं। छात्र-छात्राएँ अपने कॉलेज से लायी हुई टॉफ़ियाँ, बिस्कुट आदि यहाँ पर मिल-बाँट कर खाते हैं, तो दूसरी ओर गाँव की बहू-बेटियाँ अपने बोझे यहाँ पर टिकाकर आपस में सुख-दुःख बाँटती हैं।

लेकिन लक्ष्मी के लिए पीपल की यह घनी छाव सुकून देने की बजाय भय का प्रतीक बन गयी थी। लक्ष्मी जब अपनी दोनों सहेलियों के साथ वहाँ पहुँची, तो वहाँ पर पहले से ही चार लड़के बैठे हुए थे। उनके हाथों में लम्बी-लम्बी सिगरेट थी, जिसके कश लेकर उनके बीच छल्ले बनाने की प्रतिस्पर्धा हो रही थी। यह सब देखते ही लक्ष्मी का मन घृणा से भर उठा।

लक्ष्मी को देखते ही चारों ने झटपट सिगरेट बुझा दी और चबूतरे से उछलकर रास्ते में खड़े हो गये।

'यार अनिल! गुरुजी ने पढ़ाया था कि राजा इन्द्र के पास स्वर्ग में कई अप्सराएँ होती थीं, सुना है वे बहुत खूबसूरत होती थी।' राघव नामक लड़के ने लक्ष्मी की ओर अजीब-सी दृष्टि डालकर कहा।

'हाँ भाई, सही फ़रमाया आपने, मुझे लगता है कि उनमें से ही किसी एक को इन्द्र ने यहाँ भेज दिया है।' अनिल ने कहा और ठहाके लगाते हुए चारों लड़के उन लड़कियों के एकदम बगल में आ पहुँचे।

एक क्षण के लिए लक्ष्मी की साँस गले में अटक गयी। यह पहला अवसर था, जब इस तरह का बेहूदापन उसके सामने हो रहा था।

लक्ष्मी की दोनों सहेलियाँ अंजु और रजनी की तो साँसें फूलने लगीं, दोनों ने लक्ष्मी का हाथ कसकर पकड़ लिया।

'हट जाओ हमारे रास्ते से।' लक्ष्मी ने कुछ दृढ़ भाव से कहा।

लड़के कहाँ मानने वाले थे, और ठहाके लगाकर हँसने लगे, राघव ने तो हद पार कर दी। उसने लपक कर लक्ष्मी का हाथ पकड़ लिया। 'हट जायेंगे जी, ज़रूर हट जायेंगे, लेकिन पहले परिचय तो हो जाने दो।' राघव शरारत से बोला।

एक क्षण के लिए तो लक्ष्मी भी इस अचानक व्यवहार से सकपका गयी, लेकिन फिर अगले ही क्षण उसकी आँखों में जैसे आग उतर आयी।

'तड़ाक!' एक ज़ोर का थप्पड़ पड़ा राघव को।

अंजु और रजनी तो लक्ष्मी के इस अप्रत्याशित व्यवहार से एकदम हड़बड़ा उठीं और छिटककर दूर जा खड़ी हुईं।

'अच्छा! तेरी इतनी हिम्मत कि मुझको थप्पड़ मार दिया।' राघव ने जलती निगाहों से लक्ष्मी को घूरा और फिर उसका हाथ पकड़ लिया।

'तेरी बहिन नहीं कोई घर में? उसके साथ भी यही करता है तू?' लक्ष्मी ने फटकारते हुए राघव को धकेल दिया।

अनिल, बलवन्त और राजू तीनों दोस्तों की तो जैसे हालत ख़राब हो गयी, लेकिन राघव पर तो मानो भूत ही सवार हो उठा। वह फुर्ती से उठकर लक्ष्मी की ओर लपका, लेकिन तभी बीच में आ धमका विक्रम।

'हट जा विक्रम, मैं इसे नहीं छोड़ूँगा।' वह चिल्लाया।

'तुम इसका कुछ नहीं बिगाड़ सकते। जैसी तुम्हारी बहिन है यह भी किसी की बहिन है।' विक्रम बीच में आ खड़ा हुआ।

बौखलाये हुए राघव ने ज़मीन पर से उठाकर एक बड़ा पत्थर लक्ष्मी की ओर दे मारा, लेकिन लक्ष्मी को बचाने के चक्कर में पत्थर विक्रम के सिर पर लग गया और खून की धार बहने लगी। यह देख राघव और उसके साथी भाग गये।

'आप क्यों उनके मुँह लगे? आपको चोट लग गयी मेरे कारण।' लक्ष्मी रुग्ण स्वर से बोल उठी और अगले ही क्षण झट से अपना दुपट्टा उसके घाव पर बाँध दिया।

'शुक्र है आपको नहीं लगा।' विक्रम ने अपनी चिन्ता छोड़कर उसकी चिन्ता की।

'कैसे धन्यवाद करूँ आपका, आप नहीं आते तो आज न जाने क्या हो जाता।' लक्ष्मी बोली।

आपको धन्यवाद देने की ज़रूरत नहीं। किसी भी लड़की के साथ कुछ गलत न हो, यह हम सबकी जिम्मेदारी है। आप अपना ध्यान रखें। कहते हुए चल दिया विक्रम।

सत्रह

घटना आयी और गयी, किन्तु लक्ष्मी और विक्रम के मन में उस दिन से ही एक-दूसरे के प्रति सहानुभूति और आदर का भाव उत्पन्न हो गया।

कई बार विक्रम का मन होता उससे बात करने का, किन्तु कुछ सामाजिक मर्यादा और कुछ दोस्तों की शर्म के कारण वह झेंप जाता।

'नमस्ते।' एक दिन उसी ने कॉलेज के गेट से निकलते हुए विक्रम से बात कर ली थी–'मैं लक्ष्मी हूँ।'

कुछ नहीं बोल पाया था विक्रम। सकपका गया था, नमस्ते का उत्तर भी तो ढंग से नहीं दे पाया था।

'जी...' बस सिर्फ़ इतना ही मुँह से निकला उसके।

'जी मुझे जीव विज्ञान के कुछ नोट्स चाहिए थे आपसे। अगर हों आपके पास तो...' उसकी नज़रें झुकी हुई थीं।

थोड़ा आत्मविश्वास लौट आया था विक्रम का अब तक।

'हाँ, हो सकता है मैंने सँभालकर रखें हों पिछली कक्षाओं के, ढूँढ़कर दे दूँगा आपको।'

'ठीक है जी, थैंक्यू' कहकर वह चली गयी।

'थैंक्यू' उसके कहे यह शब्द विक्रम के दिल में मिठास घोल गये। नोट्स तो दिये ही नहीं फिर थैंक्यू किस बात का, सोचा विक्रम ने और मन-ही-मन उसकी शालीनता और सभ्यता का कायल हो गया।

साथ ही अगले दिन का बेसब्री से इन्तजार करने लगा और मन–ही–मन 'इस बार तो उससे जी भर बातें करूँगा!'

घर पहुँचकर उसने सबसे पहले अपने पुरानी किताबों और कागजों के बीच कक्षा दसवीं के जीव विज्ञान के वह नोट्स ढूँढ़ने शुरू किये जिनकी ज़रूरत लक्ष्मी को थी।

'अरे तू आता है स्कूल से और सबसे पहले किताबों में खदर-बदर करने लगता है। आजा पहले खाना तो खा ले।' माँ ने आवाज़ दी।

'हाँ माँ, कुछ ज़रूरी नोट्स ढूँढ़ रहा हूँ, खा लूँगा बाद में।' उसे खाने की नहीं, पहले नोट्स खोजने की ज्यादा चिन्ता थी।

और अन्ततः नोट्स उसे मिल ही गये, उसे लगा मानो उसे आज कोई गढ़ा हुआ खजाना या अलाउद्दीन का चिराग मिल गया हो। नोट्स के ऊपर उसने एक कोरा कागज पिन किया और उस पर एक और नोट् लिख दिया– 'मेरे लायक अगर कोई और सेवा होगी तो बताना, मुझे आपकी मदद करके हार्दिक ख़ुशी होगी।'

और दूसरे दिन उसने नोट्स लक्ष्मी को वहीं कॉलेज के गेट पर पकड़ा दिये– 'यह रहे आपके नोट्स।'

लक्ष्मी ने भी उसे एक कागज पकड़ा दिया– 'यह आपके पुराने नोट्स, थैंक्यू जी।'

पुराने नोट्स? वह चकरा गया। इससे पहले तो उसने कभी भी उसे कोई नोट्स नहीं दिये थे, फिर यह क्या दे दिया है लक्ष्मी ने उसे? उसने उस कागज को अपनी पैंट की जेब में इतनी सावधानी और सलीके के साथ रखा कि मानो हवा लग गयी तो गल जायेगा।

घर के आँगन में क़दम रखने से पूर्व ही उसने वह कागज निकाल कर झट से एक ही साँस में पढ़ डाला।

'मैं आपकी प्रतिभा और व्यवहार की बहुत कायल हूँ, आपकी ही तरह कॉलेज में सबसे अव्वल आना चाहती हूँ। आपकी ही तरह सपने देखती हूँ। ईश्वर हमेशा आपको सफलता दे, ताकि मेरे लिए भी सफलता के रास्ते खुल जायें। मदद के लिए थैंक्यू।'

फिर एक बार नहीं, कई बार उसने पत्र को पढ़ा। न जाने कौन सा जादू था उन शब्दों में जिससे कि बार-बार उन्हें पढ़ने की इच्छा होती।

वह पागलों की तरह इधर से उधर कुछ खोजने का प्रयत्न कर रहा था। आख़िर किसी तरह साइंस के 30-40 पन्नों के वे पुराने नोट्स भी उसके हाथ लग गये, जो धूल फाँक रहे थे और काफ़ी जीर्ण-क्षीर्ण व बिखरी स्थिति में थे। कहाँ-कहाँ नहीं ढूँढ़ा उसने इन नोट्सों को।

'ओह! इन पन्नों में तो जगह-जगह सीलन आ चुकी है, पढ़ने में भी तो स्पष्ट नहीं आ पा रहे हैं और इसमें हैंड-राइटिंग भी तो कुछ खास नहीं....' ये नोट्स जो बरसाती पानी के कारण ख़राब हो चुके थे, उसकी दीन-हीन स्थिति को भी बयाँ कर रहे थे।

'नहीं...नहीं...उसे ये नोट्स देना ठीक नहीं, आख़िर क्या सोचेगी वह मेरे बारे में...।' उसका मन उन पुराने नोट्सों को देखकर कुछ संकोचित-सा हो चला था।

अगले ही क्षण वह पूरे जोश और उल्लास से उन पुराने पन्नों में लिखे एक-एक शब्द को इत्मीनान से नये पन्नों में उतारने लगा, मानो अपने भविष्य की स्वर्णिम गाथा लिख रहा हो।

अगले दिन उसने साइंस के उन नोट्सों को सहेजकर किताब के अन्दर रख लिया। उन नोट्स के ऊपर फिर एक नोट नत्थी कर दिया।

'आपने मुझे इस लायक समझा, धन्यवाद, मेरे माता-पिता बहुत गरीब हैं, मुझे उनकी ख़ुशी के लिए और इस समाज के लिए कुछ करके दिखलाना है आपकी शुभकामनाएँ रहीं तो अवश्य रास्ता मिलेगा। धन्यवाद।'

और फिर नोट्स देने और लौटाने का यह सिलसिला यदा-कदा चलता रहा, वह लक्ष्मी का उत्साहवर्धन करता और लक्ष्मी उसका।

अठारह

आज विद्यालय का वार्षिकोत्सव था। **'या कुन्देन्दु तुषार हार धवला या शुभ्रवस्त्रावृता। या वीणा वर दण्ड मण्डितकरा या श्वेतपद्मासना।'** सरस्वती वन्दना का उच्चारण करते हुए कुछ बालिकाएँ कार्यक्रम का आगाज करती हैं। छात्र-छात्राएँ नये-नये कपड़े पहने हुए प्रसन्नचित्त नज़र आ रहे थे। पूरे परिसर में चहल-पहल थी। कार्यक्रम में मुख्य अतिथि के रूप में प्रदेश के शिक्षामन्त्री आये थे। छात्र-छात्राओं ने रंगारंग प्रस्तुतियों से सभी का मन मोह लिया। सुदूरवर्ती विद्यालय में तमाम अभावों के बीच बच्चों में कुछ कर गुजरने की छटपटाहट थी। उनकी एक से बढ़कर एक प्रस्तुति बच्चों की अद्वितीय प्रतिभा को व्यक्त कर रही थी। इन्हीं प्रस्तुतियों के बीच विक्रम ने भी एक प्रेरणास्पद गीत गाकर दर्शकों और छात्र-छात्राओं पर अपनी अमिट छाप छोड़ दी।

मंच पर माइक हाथ में लेते ही उसने अपनी अभिव्यक्ति प्रस्तुत की। विक्रम ने स्वरचित गीत को जब गुनगुनाना शुरू किया तो मानो साक्षात सरस्वती उसके कण्ठ में विराजमान होकर सारे सुर, लय, ताल को झंकृत कर रही हों। पूरा वातावरण नयी ऊर्जा और उत्साह से भर गया।

अभी भी है समय इतना, मेरी कुछ बात मानो तुम।
समय कितना है बलशाली, इसे भी जान जाओ तुम।

तुम्हीं तो हो जिन्होंने,
जाते लम्हों को पड़कना है।
पकड़ कर इन क्षणों को
सपना अपना पूरा करना है।
मिले मेहनत से ही सबकुछ इसे भी जान जाओ तुम।
अभी भी है समय इतना, मेरी कुछ बात मानो तुम।।
क्षणिक जीवन है ये इसका
करें उपयोग परहित हम।
करें निर्माण नवयुग का
रहें हर युग में चर्चित हम।
हो तुम सन्देश ईश्वर का इसे भी अब तो जानो तुम।
अभी भी है समय इतना, मेरी कुछ बात मानो तुम।।
परेशानी, विकट बाधाओं से,
नहीं हमको कभी डरना है
इनका काम तो इन्सान को
मजबूत है करना है।
परीक्षा है ये जीवन की, इसे भी सच ही मानो तुम।
अभी भी है समय इतना, मेरी कुछ बात मानो तुम।।
तुम्हें ही सूर्य बनकर के
ये अँधियारा मिटाना है।
उठो, तुमने ही स्वर्णिम युग
मेरी धरती पे लाना है।
तुम्हीं ख़ुशबू हो माटी की, इसे भी अब तो जानो तुम।
अभी भी है समय इतना, मेरी कुछ बात मानो तुम।।

धन्यवाद!

तालियों की गड़गड़ाहट ने विक्रम के उत्साह को दोगुना कर दिया। देर तक तालियों की गड़गड़ाहट गूँजती रही, इस सबसे बेख़बर लक्ष्मी एकटक विक्रम को देखे जा रही थी। अंजू ने कुहनी मारकर उसकी तन्द्रा तोड़ी।

'क्या सोच रही है?'

‘नहीं रे, मैं सोच नहीं रही, सुन रही हूँ।’ लक्ष्मी भावुक होकर बोली– ‘कितना अच्छा गीत था न?’

‘हाँ और गाने वाला भी...।’ अंजू ने मानो लक्ष्मी के मन के तार को छू लिया, जिसकी झंकार से लक्ष्मी के तन–मन में सिहरन–सी पैदा हो गयी।

वार्षिकोत्सव का सफल समापन हुआ। सभी मस्ती में घर की ओर चल दिये, लेकिन विक्रम के गीत के शब्द घर जाते–जाते भी लक्ष्मी के कानों में गूँज रहे थे। कितनी सुन्दर आवाज़ है और गीत सुनकर तो सच में जीवन को जीने की एक नयी दिशा–सी मिल गयी।

नोट्स के आदान–प्रदान के क्रम में लक्ष्मी ने एक और नोट भी भिजवा दिया।

‘प्रणाम!

वार्षिकोत्सव में आपने जो गीत गाया, उसका एक–एक शब्द मेरे मन–मस्तिष्क में गूँजता रहता है। बहुत ही सुन्दर गीत है और उस पर आपकी मधुर आवाज़। सचमुच आप बहुत ही सौभाग्यशाली हैं जो माँ सरस्वती का वरदान प्रत्यक्ष रूप से आप पर है। आपको जितना जानने लगी हूँ, उतनी ही आपकी कायल हो रही हूँ।’

इण्टरमीडिएट प्रथम श्रेणी से उत्तीर्ण कर लिया था उसने और उसी की तरह लक्ष्मी ने भी हाई स्कूल प्रथम श्रेणी से उत्तीर्ण कर लिया था।

उन्नीस

कल उसे देहरादून जाना था। अपनी ज़रूरत का कुछ ज़रूरी सामान खरीदने वह आज गुप्तकाशी बाज़ार चला आया। बाज़ार में ही उसे दूर से लक्ष्मी भी नज़र आ गयी। यह सिर्फ़ संयोग था या उसके दिल की कामना, यह तो राम ही जाने, लेकिन लक्ष्मी को देखते ही उसका मन बल्लियों उछलने लगा।

उसने पहले भी कई बार लक्ष्मी से एकान्त में बात करने की कोशिश की थी। उसे ऐसे मौके मिले भी। वह चाहता था कि वह जी भरकर उससे बातें करे, उसके विचार जाने और अपने विचार उससे साझा करे।

कभी-कभी उसे लगता कि वह भावनात्मक और वैचारिक रूप से लक्ष्मी के काफ़ी निकट पहुँच गया है। न जाने क्यों, बार-बार उसकी एक झलक पाने के लिए अब उसका दिल बेचैन हो उठता। जिस दिन वह लक्ष्मी को न देख ले उसे लगता है जैसे आज वह कुछ भूल-सा गया है। क्या भूला है? यही याद नहीं आता।

क्या लक्ष्मी भी उसके प्रति ऐसे ही आकर्षित होगी? यह बात उसके दिलोदिमाग में हर समय घूमती रहती, किन्तु इसके बारे में वह चाहकर भी जानकारी नहीं ले सकता था।

हाँ, यह ज़रूर था कि लक्ष्मी भी जब उसके आस-पास से गुजरती तो नज़रें मिलाकर। 'नमस्ते जी!' कहना न भूलती। उस समय उसकी

आँखों में एक अलग प्रकार का प्यार दिखता, गालों में लालिमा और होंठों पर मुस्कुराहट होती।

दो साल से चल रहा था यह सब। इन दो सालों में दोनों के बीच नोट्स के आदान-प्रदान के दौरान एक-दो बार पत्र भी आदान-प्रदान हुए किन्तु सीमित शब्द और संयमित भाषा वाले इन पत्रों के मायने स्पष्ट नहीं थे।

कई बार वह लक्ष्मी के गाँव से गुजरते हुए ही अपने गाँव आता था। छात्र और छात्राएँ अपने अलग-अलग दल बनाकर गाँव को जाते, किन्तु आपस में बहुत ही कम बातचीत एक-दूसरे से होती।

बातचीत करने को तो वह कभी भी, कहीं भी कर सकता था लक्ष्मी से, किन्तु उसे सिर्फ़ एक बात का ही डर रहता कि कहीं उसकी वजह से लक्ष्मी को उसके घर में डाँट पड़ेगी तो उसका मन दुखेगा। इससे भी बड़ा डर उसे यह रहता कि उसके ऐसा करने पर यदि लक्ष्मी के परिवार वाले नाराज हो गये तो इसका खमियाजा अन्ततः उसके माता-पिता को ही भुगतना पड़ेगा। और वह यह किसी भी कीमत पर बर्दाश्त नहीं कर सकता। अपने माता-पिता की इज्जत उसे अपनी जान से भी प्यारी है। यों भी उसके माता-पिता उस समाज के बीच दबे-कुचले से रहते हैं, किन्तु कोई उनका अपमान करे इसकी वह कल्पना भी नहीं कर सकता, फिर यदि उसके बहाने उसके माता-पिता पर कोई उँगली भी उठाये तो उससे बेहतर वह ख़ुद ही मर जाना स्वीकार करेगा।

किन्तु कल जब वह तीन वर्ष के लिए देहरादून जा रहा है, तो उसके मन में कई सारे प्रश्न उछाल मार रहे हैं। वह चाहता था कि एक बार वह तसल्ली से लक्ष्मी से बात करे, लेकिन ऐसा मौका मिला नहीं।

आज उसे यह मौका मिल गया था, गुप्तकाशी बाज़ार में सामने से उसे लक्ष्मी आते दिखलाई दी तो उसका दिल ख़ुशी से हिलोरें मारने लगा। मन माँगी मुराद पूरी हो गयी हो जैसे।

'नमस्ते!' एकदम पास आकर लक्ष्मी ने ही बात शुरू की। क्या आप सचमुच कल देहरादून जा रहे हैं पढ़ने।'

'हाँ' संक्षिप्त-सा उत्तर दिया विक्रम ने, उसकी आँखों में झाँककर।

'पूरे तीन साल के लिए?' पीड़ा भरे स्वर में पूछा फिर उसने।

'हाँ! लेकिन देहरादून ही तो जा रहा हूँ, विदेश थोड़े ही जा रहा हूँ। आता रहूँगा चार-छह महीने बाद।' लापरवाह जैसे अन्दाज़ में कहा विक्रम ने, इसलिए कि उसकी प्रतिक्रिया जान सके।

'मुझे भूल तो नहीं जाओगे वहाँ जाकर।' आँसू छलक आये थे लक्ष्मी के।

'कैसी बात करती हो, तुम ही तो मेरी प्रेरणा हो, तुम्हें कैसे भूल सकता हूँ मैं।' सचमुच विक्रम भी दु:खी हो गया था।

'अच्छा, अपना ध्यान रखना, पढ़ाई ठीक से करना।' उसने लक्ष्मी से विदा ली।

'आप भी अपना ध्यान रखना।' लक्ष्मी ने भावुक होकर कहा और तुरन्त पलटकर आगे बढ़ गयी। शायद अपने आँसुओं को छिपाने की कोशिश थी उसकी यह।

बीस

कमल की सोचने-समझने की शक्ति जवाब दे चुकी थी, क्षेत्र के कई जनप्रतिनिधियों से उसकी जान-पहचान थी। एक-एक कर सभी को फ़ोन मिलाने का प्रयास किया, लेकिन किसी का भी फ़ोन नहीं लगा।

आधा दिन बीत गया। हर ओर बदहवासी का आलम था। कुछ पता लग रहा था, तो कुछ छिपाया भी जा रहा था।

'तू कहाँ है कमल?' दिन में एक मित्र का फ़ोन आया था।

'रुद्रप्रयाग में फँसा हूँ, कहते हैं आगे सड़क बन्द है, तू कहाँ है?'

'भाभी और बच्चे कहाँ है? उसके प्रश्न को न सुन उसने एक और प्रश्न दाग दिया।

'गाँव गये थे, माँ-पिताजी के पास। छुट्टियाँ हैं ना आजकल।'

'बहुत ख़राब स्थिति है यार, जल्दी से जल्दी उन तक पहुँचने की कोशिश कर, बहुत बुरी ख़बरें आ रही हैं।'

'क्या?'

'रामबाड़ा, गौरीकुण्ड ख़त्म हो गया यार, हज़ारों यात्री बह गये उस मलबे में, देहरादून से कोई हेलीकॉप्टर से होकर आया है अभी।'

'लेकिन कैसे जाऊँ, सड़क तो बन्द है।' वह रुआँसा हो उठा।

'मैं तुझे कुछ देर में पता करके फ़ोन करता हूँ।'

और उसके बाद आरम्भ हुआ पागलपन का सा एक दौर...। ऐसा मंजर न कभी सुनने को मिला, और न ही देखने को।

गाड-गधेरों, खालों-नालों और चट्टानों को उतरते-चढ़ते पूरी रात पैदल चलते हुए किसी तरह से वह गुप्तकाशी तक पहुँचा। पूरे रास्ते का मंजर दिल दहला देने के लिए काफ़ी था। लग रहा था ऊपर से पहाड़ टूटकर गिर पड़े हैं और नीचे उफनती नदी ने प्रलय का सा दृश्य पैदा कर दिया है।

सोनप्रयाग, जहाँ उसका होटल था, वहाँ अब नदी बह रही थी और बड़े-बड़े बोल्डरों से पूरा क्षेत्र पट गया था। उस जगह को देखकर उसे स्वयं पर भी विश्वास न रहा कि क्या कभी यहाँ पर उसका होटल था भी या नहीं। किसी तरह पगडण्डियाँ पार करता वह गाँव तक पहुँचा।

गाँव में मरघटी सन्नाटा पसरा हुआ था। कुछ मकान पूर्णतया ढह चुके थे और कुछ आंशिक रूप से। बसन्ती काकी के घर से किसी के जीवित होने की ध्वनि का एहसास मिला, तो वह अन्दर चला गया।

सुरक्षित आशियाने की तलाश में गाँव खाली हो चुका था।

'कहाँ गये सब लोग, माँजी-पिताजी, बच्चे?'

'सब गये, गाँव उजड़ गया बेटा, सब तबाह हो गया। मरने को रहना है क्या यहाँ?' काकी ने प्रतिप्रश्न किया।

'लेकिन गये कहाँ होंगे? और तू क्यों नहीं गयी?'

'जिसको जहाँ भागने को मिला, वहाँ गये। मैं कैसे जाती? दोनों बेटे आयेंगे, घर खाली देखेंगे तो मुझे ढूँढ़ेंगे।' बसन्ती काकी की आँखों में आँसू छलक आये।

इक्कीस

ब्याह के बरसों बाद भी बसन्ती काकी की कोई सन्तान न हुई। खूब पूजा–पाठ किया। मन्नतें माँगीं, आस–पास जो भी डॉक्टर, वहाँ उपलब्ध थे, उन्हें दिखाया, लेकिन कोई फायदा न हुआ। जब दोनों पति–पत्नी हर ओर से निराश–हताश हो चुके थे, तभी चमत्कार हुआ और विवाह के 15 वर्ष बाद बसन्ती काकी की गोद भरी, और फिर तीन वर्ष के अन्तराल में उसने दो बेटों को जन्म दिया। दोनों बेटे अब 25 और 23 वर्ष के थे और केदारनाथ मार्ग पर खच्चरों से यात्री व सामान की ढुलाई का कार्य कर जीवनयापन कर रहे थे। दो–ढाई वर्ष पूर्व ही काकी के पति का देहान्त हुआ और इस समय वह घर पर नितान्त अकेली थी।

यों तो कमल अपनी ही परेशानियों से दु:खी था, लेकिन काकी की अवस्था देख उसका हृदय काँप उठा। केदारनाथ के बारे में पिछले दिनों से जो कुछ सुन रहा था, कहीं उसमें काकी के दोनों बेटे भी...? यह आशंका जितनी तेज़ी से उसके मन में आयी, उतनी ही तीव्रता से उसे उसने मन के बाहर निकाल दिया।

एक बार फिर ध्यान अपने परिवार की ओर चला गया।

‘काकी! एक बार याद तो कर, कहाँ गये होंगे सब लोग?’

‘नीचे की ओर तो प्रलय थी, सब ऊपर की ओर ही भाग रहे थे,

जिनके मकान ठीक थे वह उस दिन तो नहीं गये, लेकिन अगले दिन डर से चले गये, जिनका कहीं जाने को नहीं, वह यहीं पर हैं।'

उसके घर के पीछे का पहाड़ छत पर गिरा हुआ था और आगे की ओर का सारा ढलान टूटकर सामने की दीवार को भी ढहा ले गया था। उसने एक ओर से अन्दर जाने का प्रयास किया। वर्षों से सहेजे सामान के ऊपर ढेरों मलबा पड़ा था और उससे अधिक अनिष्ट और अनहोनी की आशंका का मलबा पड़ा था कमल के मन पर।

अब कहाँ ढूँढ़े उन्हें? उसी परेशानी में वह ऊपर जंगल की ओर बढ़ा, लेकिन रास्तों का बुरा हाल था, पैदल चलने लायक भी जगह न बची थी।

'ऐसे रास्ते में कैसे चढ़े होंगे लोग ऊपर?' मन में सवाल उठा।

थोड़ी दूर चढ़कर वह हताशा में लौट आया। न क़दमों के कोई निशान बाकी थे, न जीवन का कोई प्रमाण।

क्षेत्र के जनप्रतिनिधियों में उसकी अच्छी जान-पहचान थी, पंचायत से लेकर लोकसभा चुनाव तक उनकी कई बार मदद की थी उसने, लेकिन इस समय सब लाचार थे।

पता चला बहुत से लोगों को हेलीकॉप्टर द्वारा पहुँचाया गया है और कुछ लोग कई स्थानों पर बने राहत शिविरों में मौजूद हैं। अब उसकी दौड एक हेलीपैड से दूसरे हेलीपैड, एक शिविर से दूसरे शिविर तक थी, लेकिन कहीं कुछ पता न चला।

इस बीच किसी ने उसे किसी टी.वी. चैनल पर राहत कार्यों का एक वीडियो दिखाया। एक सैनिक शिविर में उसकी माँ बैठी थी और एक सैनिक उसके पास खड़ा था। उस चित्र की जानकारी लेने के लिए उसने राज्य सरकार से लेकर चैनल के मुख्यालय तक सम्पर्क किया, लेकिन फिर भी कुछ पता न चला। वह चित्र कहाँ का था यह बताने की स्थिति में कोई भी न था।

एक बार फिर राहत शिविरों और अस्पतालों के चक्कर लगे, लेकिन कुछ हाथ न लगा और ऐसे ही एक राहत शिविर में उसे आशा की एक किरण नज़र आयी। गाँव का एक लड़का बुरी तरह घायल होकर गौचर स्थित राहत शिविर में पड़ा था। चार-पाँच दिन बाद ही होश आया था उसे।

'माँ-पिताजी, बच्चों को देखा तूने कहीं?'

'हाँ, मैं साथ ही था उनके।' उसने कहा तो कमल को जैसे संजीवनी मिली।

'ऊपर जंगल की ओर भागे थे हम। लगातार बारिश हो रही थी, जगह-जगह से पत्थर गिरने और नीचे उफनाती नदी की भयावह आवाज़ आ रही थी।'

वह थोड़ी देर रुका, उस क्षण की भयावहता उसके चेहरे पर स्पष्ट दिखाई दे रही थी। इतने दिनों से भटकते-भटकते कमल का धैर्य जवाब दे चुका था। उसे लग रहा था कि सामने लेटा यह लड़का जल्दी-जल्दी कुछ बताये और वह अपने परिवार को खोजे। उसने व्यग्रता से उसकी ओर देखा। इस समय वह उसे किसी देवता से कम नहीं लग रहा था। लड़के ने आगे बोलना शुरू किया।

'हम धीरे-धीरे आगे बढ़ने की कोशिश कर रहे थे, रोशनी के नाम पर सिर्फ़ आकाश में चमकने वाली बिजली का ही सहारा था। साथ चलने की लाख कोशिशों के बाद भी हम लोग भटकने लगे थे। कोई किधर हो गया, कोई किधर। आप तो जानते ही हैं कितना घना जंगल है गाँव के ऊपर।'

'हाँ' कमल ने जवाब दिया, उसे पता है कि उस जंगल में तेंदुओं और भालुओं का कितना आतंक रहता है। सोच-सोच कर उसकी रूह अन्दर ही अन्दर काँप रही थी।

'जंगल से बाघ के गुर्राने की आवाज़ उस बारिश में भी सुनाई दे रही थी। बच्चे डर और ठण्ड दोनों से काँप रहे थे। ठण्ड तो हमें भी लग रही थी, बच्चे जोर से न रोयें, इसके लिए हम उन्हें समझाते जाते। डर लगता कहीं बच्चों की आवाज़ सुनकर भालू या बाघ इधर ही न चला आये, लेकिन कितने बेवकूफ़ थे हम, ये नहीं जानते कि बाघ की घ्राणशक्ति कितनी तीव्र होती है।'

कमल का कलेजा एक बार फिर मुँह को आ गया। कहीं जंगल में जंगली जानवरों ने तो हमला नहीं किया होगा इन लोगों पर।

'रात किसी तरह से बीती, लेकिन उस रात में कई लोग इधर-उधर हो गये, भाभी और नीलम सुबह तक हमारे साथ थे, लेकिन ताऊजी, ताईजी और गुड्डू उस कालरात्रि में न जाने कहाँ बिछुड़ गये। वे लोग शायद कहीं भटक गये थे। या सम्भवतः दूसरे ग्रुप में थे।'

कमल के चेहरे पर जली आशा की बत्ती एक बार फिर बुझ गयी।

'फिर मिले नहीं क्या वे? सरोज और नीलम कहाँ गये? वह तो तुम्हारे साथ थे?' एक साथ कई प्रश्न जेहन से उतरकर जुबान पर आये।

'मुझे कुछ नहीं पता इसके बाद। हम जहाँ खड़े थे उसके ऊपर की पहाड़ी से ढेर सारा मलबा हमारे ऊपर गिरने लगा। जान बचाने की कोशिश में एक बार फिर सब तितर-बितर हो गये, जिसको जहाँ सुरक्षित लगा वहाँ भागा। अचानक मलबे का एक बहुत बड़ा रेला आया और मैं उसमें बहने लगा, बहते-बहते मैंने पेड़ की एक टहनी पकड़ ली, लेकिन मलबे का वेग तो उसे भी जड़ से उखाड़ ले गया। मैं होशो-हवास खो चुका था, जब आँख खुली तो मैं यहाँ इस अस्पताल में पड़ा था।'

'और बाकी लोग? उनके बारे में कुछ पता है तुझे?'

'नहीं।' लेकिन लोग कह रहे थे कि जो लोग दिखाई दिये, उन्हें हेलीकॉप्टर से जगह-जगह पहुँचाया गया। कुछ अस्पतालों में हैं तो कुछ राहत शिविरों में।'

हाँ ऐसे ही एक अस्पताल में उसे लक्ष्मी मिली, लेकिन अपने घर का कोई नहीं। यह कहते हुए कमल का गला भर आया।

वह टूट-सा गया। हताशा, निराशा, व्यग्रता अब उसके स्वभाव का हिस्सा बन गयी थी। मन हर समय बुरे खयालों से घिरा रहता।

कहीं उसके परिवार का कोई मलबे में दब तो नहीं गया। किसी जंगली जानवर का शिकार, या भूख, प्यास और ठण्ड की भेंट तो नहीं चढ़ गया। रातों को उसे नींद न आती, लगता मानो मलबा उसके शरीर पर पड़ा है और वह साँस नहीं ले पा रहा। हड़बड़ाकर वह उठ बैठता। कभी लगता भयावह जंगल के नरभक्षी गुलदार ने अपने पैने दाँत उसकी गर्दन पर अड़ा दिये हैं।

‘उस रात बहुत से लोग डर के कारण जंगल की ओर भागे थे। हो सकता है अभी भी हो वहाँ। तेरी तो मन्त्री से पहचान है एक बार मुझे मिला दे उनसे, मैं विनती कर लूँगा। मुझे एक बार गाँव के ऊपर के जंगल में हेलीकॉप्टर से दिखा दे। क्या पता अभी वे वहीं भटक रहे हों।’ उसने स्थानीय विधायक से गुहार की।

चुनाव के समय बहुत मदद की थी कमल ने और इस समय वह बड़ी विक्षिप्त-सी हालत में जा पहुँचा था। इस क्षेत्र के आकाश में इस समय कई हेलीकॉप्टर उड़ रहे थे, कुछ राहत के लिए, तो कुछ निरीक्षण के लिए। इनका दुरुपयोग भी कुछ कम न था। निरीक्षण के नाम पर आपदा ने कुछ लोगों के लिए पर्यटन का रूप ले लिया। ईमानदारी से प्रयास हुआ, तो कमल की इस इच्छा की पूर्ति का भी साधन निकल आया, लेकिन कुछ न मिला।

जिसने जो कहा, जहाँ कहा, कमल भटकता रहा। बैंक की जमा पूँजी खर्च करता रहा, लेकिन अन्ततः सब कुछ ऊपरवाले के हाथ छोड़ दिया।

बाईस

जिस स्थान पर विक्रम ने जीवन की पहली सफलता प्राप्त की थी वही स्थान आज गाँव वालों की सुरक्षा का स्थान बना था।

कच्ची कीचड़ भरी पगडण्डियों को पार करता विक्रम स्कूल तक पहुँचा। रास्ते तहस-नहस थे, पगडण्डियाँ तबाह हो चुकी थीं। स्कूल के नीचे का पुश्ता ढह चुका था, लेकिन प्राथमिक शिक्षा की यह इमारत अभी भी खड़ी थी।

कुल मिलाकर चार कमरे और एक बरामदा, जिन लोगों के भी घर ढह गये थे या ख़तरनाक स्थिति में थे, इसी स्थान पर रह रहे थे। मौत के भय ने सारी जाति-बिरादरी व छुआछूत के बन्धन मिटा दिये थे।

सभी कमरे उसके जाने-पहचाने थे। पहली कक्षा से पाँचवीं कक्षा तक के कमरे। एक कमरे में दो-दो कक्षाएँ। जहाँ कभी उसके स्वर्णिम भविष्य की आशाएँ मुखरित होती थीं, आज वे क्षतिग्रस्त कमरे ही आपदा से त्रस्त, डरे-सहमे ग्रामीणों में नवजीवन व आशा का संचार कर रहे थे। आह! कितना सुखद अहसास था इन कमरों में, इतना तो किसी महँगे ए.सी. वाले कमरे में भी न मिले। आपदा की इस घड़ी में मानो ये कमरे ही उन्हें सान्त्वना प्रदान कर रहे हों।

सारे कमरे छान मारे उसने, लेकिन उसके माता-पिता कहीं न मिले। आशा एक बार फिर निराशा में बदलने लगी।

‘माँ–पिताजी को ढूँढ़ रहा है, वह तो केदारनाथ गये थे।’

‘केदारनाथ? कब और किसके साथ?’ केदारनाथ की भयावहता की कहानियाँ वह पिछले दो दिन से सुन रहा था, उसका दिल जैसे धक्क से रह गया। कहीं उसके माता–पिता भी...? नहीं–नहीं इस आशंका को उसने तेज़ी से अपने विचारों से झटक दिया।

‘सोबतू अपने माँ–बाप को लेकर जा रहा था। उन्होंने तेरे माँ–बाप को भी चलने को कहा। साथ मिल रहा था, मौसम भी अच्छा था किसे पता था कि...।’ ख़बर देने वाली काकी ने गहरी साँस ली।

सोबतू याने उसके ताऊ का बेटा। खच्चरों का काम था उसका केदारनाथ यात्रा मार्ग पर। चौदह जून को घर से निकले थे वे।

‘किसी का कुछ पता?’ सूखते कण्ठ और जिह्वा को तर कर उसने सवाल किया।

‘नहीं’ काकी ने न में सिर हिलाया।

‘छोटी बहू’, उसके दिमाग में तुरन्त उनका खयाल आया। लगातार दूसरी बार प्रधान चुनी गयी यह बहू हर परिस्थिति में मददगार साबित होती थीं, विक्रम से तो उन्हें बहुत गहरा स्नेह था।

‘उनके पति की भी तो केदारनाथ में दुकान थी, क्या वह ठीक होंगे?’ राह चलते उसे याद आया।

‘कहीं वह भी परेशानी में हुईं तो, क्या उन पर अपनी परेशानी और लादना ठीक होगा?’ उसके क़दम ठिठके, लेकिन फिर भी माता–पिता की चिन्ता मनोमस्तिष्क पर इतनी हावी थी कि ठिठके क़दम एक बार फिर बढ़ चले।

घर के बाहर सन्नाटा पसरा था, कोई भी बाहर दिखाई न दिया। उसने प्रतीक्षा की। थोड़ी ही देर में छोटी बहू का बेटा अंकित बाहर निकला।

‘पिताजी, ताऊजी और दोनों बड़े भैया उस दिन केदारनाथ में थे, उनका कुछ पता नहीं।’ अंकित का स्वर रुआँसा हो उठा।

‘कौन है?’ अन्दर से नारी स्वर उभरा।

‘अरे विक्रम तुम! कब आये?’

छोटी बहू, जिनकी छवि विक्रम के मनोमस्तिष्क में गरिमामय, सहृदय, आत्मविश्वास से परिपूर्ण महिला के रूप में थी। उनके जीवन में

कई पल ऐसे आये थे जब गाँव के पुरुष प्रधान समाज से लोहा लेकर विपरीत परिस्थितियों को भी उन्होंने अपने अनुकूल बनाया था, विक्रम के लिए माता-पिता के पश्चात यदि कोई उसके जीवन में पूजनीय था तो वह थी छोटी बहू।

लेकिन आज इन्हीं छोटी बहु के चेहरे पर विषाद और चिन्ता की रेखाएँ स्पष्ट दिखाई दे रही थीं।

'बड़ी मुश्किल से यहाँ तक पहुँचा हूँ। स्कूल गया था, लेकिन माँ-पिताजी नहीं हैं वहाँ। वह केदारनाथ गये हैं शायद।' अन्तिम वाक्य उसके स्वर को कँपा गया।

'परेशान न हो विक्रम, बहुत से लोग इधर-उधर फँसे पड़े हैं। सरकार लगी है, सेना लगी है, जगह-जगह राहत शिविर हैं, मिल जायेंगे सब लोग।' छोटी बहू कह रही थीं, लेकिन शब्द जैसे उनके अपने नहीं थे, एक आश्वासन था, जो वह विक्रम के साथ-साथ स्वयं को भी देना चाह रही थीं।

विपत्ति की इस स्थिति में भी विक्रम के समक्ष छोटी बहू ने अपने आप को कमजोर न पड़ने दिया। गाँव की मुखिया होने के नाते बहुत-सी जिम्मेदारियाँ भी उनके सिर पर थीं।

'कहाँ जाऊँ मैं? क्या करूँ अब? कैसे ढूँढ़ूँ माता-पिता को, ये तो स्वयं परेशान हैं, किससे मदद माँगूँ।' विक्रम के दिमाग में सवालों का बवण्डर चल रहा था।

'क्या सोच रहे हो विक्रम। सब अच्छा सोचो। बहुत से लोग जगह-जगह पर फँसे हैं उन्हें बचाया जा रहा है, भगवान केदार की कृपा रही तो सब ठीक हो जायेगा बस धैर्य रखो।' छोटी बहू जिन्हें वह चाची कहता था, ने समझाया।

उन्हें हाथ जोड़कर प्रणाम किया, थोड़ी देर किंकर्त्तव्यविमूढ़-सा वहीं खड़ा रहा। कहाँ से आरम्भ करे सफर को, समझ न आया। बस यही समझ में आया कि स्कूलों, अस्पतालों में लोग भरे पड़े हैं। यात्री भी और स्थानीय लोग भी। अपना एक स्कूल तो वह देख ही चुका था अब अगले की बारी थी।

तेईस

जिन पगडण्डियों को आसानी से पार कर मीलों की चढ़ाई चढ़ वह अपने स्कूल पहुँचता था, आज उन पगडण्डियों का नामोनिशान मिट चुका था। सात वर्ष इन्हीं रास्तों पर चला था वह, इसलिए दिशाएँ भूला न था।

मन–ही–मन भगवान केदार को याद कर वह स्कूल के अन्दर प्रवेश कर गया। बाहर सेना के टेंट लगे थे। कुछ लोग अन्दर कमरों में थे, तो कुछ तम्बुओं में। उसने परिजनों को एक ओर से तलाशना आरम्भ किया।

'कोई तस्वीर उनकी?' एक सैनिक ने पूछा।

'तस्वीर?'

'हाँ तस्वीर, सबको दिखाओ शायद किसी ने देखा हो उन्हें।'

'नहीं, यहाँ तो नहीं।'

'मोबाइल पर नहीं है क्या?'

'मोबाइल?' उसके पास तो कैमरे वाला मोबाइल ही नहीं था।

पिछले ही वर्ष माँ के बार–बार कहने पर उसने उन्हें भी एक मोबाइल खरीद कर दिया और अपने लिए भी लिया था।

'तुझे देखे हुए बहुत समय हो जाता है, आ नहीं सकता तो बात ही कर लें। लोगों के पास तो छोटे से माचिस के डिब्बे जैसा टेलीफ़ोन है जिसे आजकल के बच्चे मुबैल–मुबैल कह रहे हैं, सुना है दूर–दूर भी

उससे बातें की जा सकती हैं।' माँ की आँखें गीली हो आयी थीं, लेकिन फिर भी विक्रम को हँसी आ गयी।

'माँ उसे मोबाइल कहते हैं।'

'हाँ-हाँ, वही...वही...'

और अगले ही दिन वह बगल के शहर गुप्तकाशी जाकर, जो सबसे सस्ते मोबाइल थे उन्हें खरीद लाया था। कुछ पैसे बचाये थे, किताबें भी खरीदनी थीं, लेकिन माँ की ख़ुशी अधिक महत्त्वपूर्ण लगी। किताबें पुस्तकालय या दोस्तों से लेकर व्यवस्था कर लेगा।

माँ के हाथ में मोबाइल पकड़ा स्वयं गाँव के दूसरे कोने में जा फ़ोन किया, बात करते हुए उसका चेहरा तो न नज़र आया लेकिन स्वर के कम्पन से उसकी ख़ुशी का अन्दाज़ा उसे हो गया था।

'बेटा, देहरादून से भी ऐसे ही सुनाई देगा, जैसा यहाँ सुनाई दे रहा है।'

'हाँ माँ, बिल्कुल ऐसा ही सुनाई देगा। लेकिन जब भी इस पर मेरा फ़ोन आये तो तू इसी बटन को दबाना बस।'

माँ के चेहरे की ख़ुशी देख विक्रम भी अभिभूत हो उठा।

'इतनी छोटी-सी बात से माँ इतनी ख़ुश है तो कभी वह इस लायक बन पाया कि उन्हें कुछ और दे सके तो कितनी ख़ुश होगी यह।' उसने सोचा।

माता-पिता को ख़ुशी देना, उनके कष्टों का निवारण करना यही एकमात्र उद्देश्य था उसकी ज़िन्दगी का। उसे लगता था कि इतनी महंगी और कठिन पढ़ाई भी वह इसी उद्देश्य की पूर्ति के लिए कर रहा है।

लेकिन अब क्या होगा उसके उद्देश्य का? माँ-पिताजी तो मिल ही नहीं रहे। हॉस्टल में उसके पढ़ने की मेज पर माता-पिता की एक तस्वीर रखी थी जो उसके दिल्ली जाने से पहले स्टूडियो में खिंचवाई थी, लेकिन इस समय तो वह भी उसके पास न थी। कैसे बताये वह लोगों को कि कैसे दिखते हैं उसके माता-पिता।

पूरा स्कूल छान मारा। कोई जान-पहचान का भी नज़र न आया।

'कुछ लोग घायल थे उन्हें अस्पतालों में भी पहुँचाया गया है।' किसी ने उसे बताया।

और इसके बाद आरम्भ हुआ उसका अन्तहीन सफर। जिसका अन्त माता-पिता की खोज के साथ होना था।

उजड़ा हुआ सोनप्रयाग देखा। बहुमंजिली इमारतों का नाश देखा, इमारतों का मलबा बयाँ कर रहा था एक अलग ही कहानी।

'क्या इस मलबे के ढेर में कई ज़िन्दगियाँ जीते जी दफन हुई होंगी?' मन में प्रश्न उठा।

'सोबतू भाई, ताऊ, ताई कोई तो दिखे।'

'खच्चरवालों की तो हड़ताल थी इन दिनों।' एक ने बताया।

'तो फिर सोबतू भाई कहाँ है? क्या ये सब लोग पैदल ही गये होंगे?'

एक राहत शिविर में थोड़ी-सी राहत दिखी और ये राहत थी छोटी बहू के पति। एक हाथ और एक पैर में प्लास्टर शून्य में निहारती आँखें।

'चाचाजी'। वो उनके पास जा खड़ा हो गया।

आवाज़ सुन उन्होंने उसकी ओर देखा। अनजाना अपरिचित-सा भाव, मानो पूछ रहे हों– 'कौन हो तुम?'

'चाचाजी! मैं विक्रम आपके गाँव से देहरादून पढ़ता था।' अपना जितना परिचय वह दे सकता था एक ही साँस में बोल गया।

लेकिन उनके चेहरे के भाव न बदले।

'आप जानते हैं इन्हें?' किसी ने उसे पूछा।

'जी हाँ, हमारा एक ही गाँव है।'

'इन्हें कुछ याद नहीं है, बेहोश थे जब सेना के लोग इन्हें यहाँ लेकर आये।'

विक्रम का मन उन्हें देख प्रसन्नता से भर उठा। छोटी बहू का चेहरा और उनके द्वारा किये गये उपकार एक-एक कर याद आ गये। लेकिन साथ ही इस बात का दुःख भी हुआ कि कोई जानने वाला मिला भी तो किस हालत में। अब इनसे क्या पूछे वह?

'आप इन्हें जानते हैं तो इनके घर वालों को ख़बर कर दीजिए। ये तो कुछ बताने की स्थिति में हैं नहीं।' वहीं किसी दूसरे व्यक्ति ने कहा।

'जी, कितने दिन रहना होगा इन्हें यहाँ?' उसने नर्स से पूछा।

‘प्लास्टर खुलने में ही डेढ़ महीना लग जायेगा।’ नर्स ने कहा।

गाँव में आपदा के दिन से बिजली न थी। मोबाइल निर्जीव खिलौने की भाँति एक ओर उपेक्षित पड़े थे, तो बताना भी चाहे तो कैसे?

‘मैं इनका पता दे देता हूँ और इनसे पहले मैं घर पहुँच गया तो बता दूँगा।’

चौबीस

उसने निश्चय किया कि वह हर स्थान पर, हर कस्बे, बाज़ार में, राहत शिविरों, अस्पतालों तथा स्कूल-कॉलेजों में जा-जाकर अपने माता-पिता और लक्ष्मी तथा उसके परिवार वालों को ढूँढ़ेगा। कहीं-न-कहीं, कोई न कोई तो सूत्र मिलेगा। पहले गुप्तकाशी, फिर अगस्त्यमुनि और उसके बाद गौचर तथा श्रीनगर, एक-एक करके सारी जगह छान मारी उसने, श्रीनगर के बाद ऋषिकेश और देहरादून के बड़े राहत शिविरों में भी उसने खूब खाक छानी, अन्त में वह फिर गाँव लौट आया।

'क्या पता माता-पिता भटकते हुए वापस लौट आये हों?

लेकिन निराशा हाथ लगी।

'चाची, आपके लिए अच्छी ख़बर है' सबसे पहले वह छोटी बहू के पास गया। उसने उनके पति को जहाँ देखा था, वह पता दिया।

'और बाकी लोग?' चाची जी ने आशा भरी निगाहों व उत्सुकतावश पूछा।

'पता नहीं। चाचाजी को तो कुछ याद ही नहीं।'

'और तेरे माता-पिता?' पूछा छोटी बहू ने।

उसने निराशा में सिर हिला दिया।

अपने पति के ज़िन्दा होने की ख़बर सुनकर छोटी बहू के चेहरे पर ख़ुशी की एक किरण-सी कौंधी, विक्रम को अच्छा लगा।

गाँव में एक नये युग का आरम्भ किया था इन्होंने, इनके साथ कुछ बुरा होना भी नहीं चाहिए था।

लेकिन ख़ुशी की वह किरण अधिक समय तक टिक न पाई। परिवार के बाकी लोगों का अभी तक कोई पता न था, अपनी जेठानी और सास के सामने वह ख़ुशी मनाये भी तो कैसे? लेकिन फिर भी विक्रम उसे इस वक़्त देवदूत जैसा लगा।

बेटे को साथ ले वह चलने को तैयार हुई।

'रास्ता बहुत ख़राब है चाची, पैदल चलने लायक भी नहीं।'

'कोई बात नहीं विक्रम, इन्हीं पहाड़ों पर ज़िन्दगी कटी है। अच्छा-बुरा सब देखा है। इतनी तो हिम्मत है मुझमें।' चेहरे पर आत्मविश्वास लिए छोटी बहू चल दी।

इस भीषण आपदा की ख़बर राष्ट्रीय ही नहीं, अपितु अन्तर्राष्ट्रीय हो चली थी। आपदा के बारे में अनेक तरह से लोग अपनी-अपनी व्याख्या कर रहे थे। दूसरी ओर वैज्ञानिक भी इस घटना का कारण जानने-समझने की कोशिश कर रहे थे, लेकिन क्षेत्र के लोग इसे 'दैवीय' आपदा बता रहे थे।

श्रीनगर के पास एक बहुत प्राचीन मन्दिर है, जिसे एक बाँध परियोजना के चलते विस्थापित करना था, अन्यथा वह डूब जाता। क्षेत्र में यह चर्चा जोरों पर थी कि यह उसी देवी की नाराजगी का प्रकोप है। भोले-भाले और आस्थावान लोग इसे ही सच मानते।

देश के कोने-कोने से गैर-सरकारी संस्थाओं के लोग और अन्य भी सहायता के लिए उमड़ पड़े। नये-पुराने कपड़ों का ढेर लगा था। लेकिन पहनने वाले लोग कम थे। जगह-जगह से राहत सामग्री ले ट्रक के ट्रक पहुँचे।

राहत देने वालों, राहत पाने वालों और अपनों को खोजने वालों से क्षेत्र अटा पड़ा था।

विक्रम के सहपाठियों का एक दल भी चला आया था। कुछ लोगों की सहायता से विक्रम के मोबाइल में कुछ पैसे डलवा दिये। मित्रों से सम्पर्क हुआ। कुछ आर्थिक समस्या का समाधान हुआ, लेकिन प्रमुख समस्या सामने खड़ी थी। माता-पिता का कुछ पता न था।

स्थानीय होने के नाते एक-एक पगडण्डी, गाड़-गधेरों से परिचित था विक्रम। कई बार केदारनाथ का पैदल रास्ता भी नापा था, लेकिन कहाँ था अब वह मार्ग। सेना के लोगों को देख मन अजब श्रद्धा से भर उठा। जिन स्थानों पर स्थानीय व्यक्ति भी जाते हुए घबरा रहा था उन्हीं स्थानों से न जाने कितने लोगों को बचा लाये थे वो। मन में विचार आया काश, उसे भी सेना का अंग बन देश की सेवा करने का मौका मिलता।

लेकिन अभी तो मुख्य लक्ष्य माता-पिता को खोज निकालना था। मित्रों से आर्थिक सहायता मिली तो आवागमन आसान हुआ। साथ भी मिला तो मनोबल बढ़ा। लगभग हार चुकी बाजी को जीतने का आत्मविश्वास मन में आया।

गौचर हवाई पट्टी, जौलीग्रांट, देहरादून सब जगह एक बार फिर खोज आरम्भ की। रोते-बिलखते लोगों को देखा। बुरी तरह घायल लोगों को देखा, मानसिक सन्तुलन खोये लोगों को देखा।

पच्चीस

कमल साथियों के साथ एक बार फिर नये अभियान की ओर बढ़ा। हाथों में दराँती, डण्डे आदि लिए हुए लोग गाँव के ऊपर जंगल की ओर बढ़ने लगे, आमतौर से इन जंगलों में गाँव वालों का आना-जाना नहीं था। कारण कि एक तो वह खड़ी चढ़ाई पर था, दूसरा उसमें बड़े-बड़े अनुपयोगी वृक्षों और कँटीली झाड़ियों के अलावा और कुछ न था जो गाँव वालों के मतलब का होता। यही वजह थी कि गाँव की बेटी-बहुएँ भी वहाँ न तो घास चारे के लिए जातीं और न लकड़ियों के लिए।

बहुत ही घना था, वह जंगल। अब उसमें जंगली जानवरों का डेरा था।

कँटीली झाड़ियों को काटते-छाँटते हुए वे लोग आगे बढ़ रहे थे। उफ! श्वास फूल गयी थी कमल की, कैसे चढ़े होंगे लोग उस रात को, सोचकर ही उसका मन व्यग्र हो उठा।

कितनी कष्टदायी घड़ी रही होगी वह, दोनों बच्चों और वृद्ध माँ पिताजी को लेकर कैसे चढ़ी होगी सरोज इन पथरीले, ऊबड़-खाबड़ और कँटीले रास्तों पर वह भी रात के समय।

वह जितना आगे बढ़ता जाता उतनी ही मन में दुश्चिन्ताएँ बढ़ने लगतीं, हे भगवान कहीं कुछ अप्रिय न दिखे मुझे।

एक ऊँचे से टीले पर पहुँचने के पश्चात उन्होंने कुछ देर साँस ली,

तभी एक दोस्त ने सामने इशारा करते हुए कहा—"भाई वो देखो वहाँ क्या दिख रहा है।"

सामने एक बड़ी-सी पत्थर की चट्टान थी जिसके नीचे गुफा जैसा काफ़ी बड़ा स्थान था। चारों लोग दौड़कर वहाँ पहुँचे।

उफ! वहाँ का दृश्य देखते ही सबकी साँसें अटक गयीं। कई स्त्री, पुरुष और बच्चे वहाँ निढाल से पड़े थे, हल्की-हल्की बदबू भी आने लगी थी। शायद वर्षा-पानी या जंगली जानवरों से बचने के लिए उन्होंने वहाँ शरण ली होगी, और भूख, प्यास तथा ठण्ड के मारे वहीं देह त्याग दी।

बड़ा ही हृदयविदारक दृश्य था वह। कुछ बुजुर्ग हाथ-पाँव को समेटकर गठरी की तरह अकड़े हुए थे, तो कुछ एक-दूसरे को बाँहों में समेटे हुए निर्जीव पड़े थे। कुछ महिलाएँ भी थीं जो अपने मासूमों को छाती पर चिपकाये हुए ठण्ड से बचाने के जैसा उपक्रम करती हुई उसी मुद्रा में बेजान पड़ी थीं।

साँसें अटक गयी थीं कमल की। एक सरसरी निगाह डरते-डरते उसने एक-एक शरीर पर डाली। कहीं सरोज भी तो...। नहीं नहीं फिर उसने आँखें बन्द कर दीं।

'भाई उधर देखो...।' उसके एक दोस्त ने उसे झिंझोड़ा।

सामने से एक बड़े से पत्थर के पीछे कराहने की धीमी-सी आवाज़ें आ रही थीं। वे लोग लपक कर पहुँचे।

दोनों हाथों से सिर को ढँके एक बुजुर्ग बुरी तरह से काँप रहा था।

'ओह! इन में तो प्राण हैं अभी।' उन्होंने तुरन्त उन्हें सीधा किया।

'जम्मन चाचा!' कमल के मुँह से चीख निकल गयी।

'तुम्हारे चाचा हैं ये?' दोस्तों के मुँह से एक साथ निकला।

'हाँ भाई! चलो इन्हें तुरन्त अस्पताल पहुँचाते हैं।'

माँ-पिता और पत्नी-बच्चों की चिन्ता छोड़ अब कमल चाचा का जीवन बचाने के लिए संकल्पबद्ध हो गया।

जम्मन चाचा की हालत अत्यन्त ही ख़राब थी, किन्तु यह उनकी जिजीविषा और कर्मठता ही थी कि इतने दिनों बाद भी वह भूखे-प्यासे जीवित हैं।

गिरते-पड़ते चारों दोस्त जम्मन चाचा को ढोते सड़क तक ले आये। वहाँ पर लगे अस्थाई शिविर में प्राथमिक चिकित्सा दिलायी और वहाँ मौजूद प्रशासनिक अधिकारियों से उन्हें हेलीकॉप्टर से देहरादून भेजने का अनुरोध किया। आनन-फानन में राहत दलों द्वारा उन्हें हेलीकॉप्टर में लाद दिया गया और कमल को उनके साथ जाने के लिए कह दिया गया।

हेलीकॉप्टर में चाचा का सिर अपनी गोदी में रखे कमल नियति के चक्र के आगे मजबूर था, उसके अपने न जाने कहाँ किस हाल में होंगे, लेकिन इस समय वह फ़र्ज़ के आगे मजबूर था।

यह अलग बात थी कि जम्मन चाचा से उसके परिवार के रिश्ते पिछले दो-तीन सालों से बहुत ख़राब हो चले थे। ज़मीन के एक टुकड़े को लेकर उसका पूरा परिवार जम्मन चाचा का पुश्तैनी दुश्मन बन गया था। उसने हेलीकॉप्टर की सीट से अपना सिर टिका लिया। तीन वर्ष पहले की वह घटना उसकी आँखों में तैरने लगी। ओह! कितना कष्टकारी दिन था वह...।

छब्बीस

फूल संग्राद का दिन था वह। दिन की शुरुआत नन्हे-मुन्नों के फूल संग्राद से हुई। हाथों में गोबर-मिट्टी से लिपी हुई छोटी-छोटी टोकरियों में आड़ू, पोलम, फ्योंली, ग्वीराल के महकते ताजे फूल लिए वे कमल के घर की ड्योढ़ी पर फूल डालकर दुआएँ दे रहे थे। बदले में सरोज ने उन्हें गुड़, दाल और चावल दे दिये। बच्चे हँसते-खिलखिलाते हुए अगले घर की ओर बढ़ गये।

'कमल चल बेटा, धूप सिर पर चढ़ गयी। जल्दी-जल्दी धान बोकर, तुझे फिर होटल भी पहुँचना है।' नीचे गोशाला से पिताजी ने कमल को आवाज़ लगायी।

कमल जल्दी से कन्धे पर हल लादकर पिताजी के पीछे हो लिया। समतल खेती की ऊपरी चोटी पर पहुँचते ही पिताजी की नज़र अपने खेत पर पड़ी।

'अरे! जम्मन सिंह हमारे खेत की जुताई कर रहा है, यह मेहरबानी कैसी?' उन्होंने मन-ही-मन सोचा, वे तेज़ी से पहाड़ी ढलान पर क़दम बढ़ाते हुए खेत में पहुँचे।

'जम्मन सिंह, भाई ये मेहरबानी कैसी?' उन्होंने पूछा।

'मेहरबानी नहीं भाईसाहब! ये मेरा हक़ है। ये खेत आपका नहीं, मेरा है।' जम्मन सिंह ने हल चलाते हुए ही जवाब दिया।

जम्मन सिंह कमल के पिताजी के छोटे भाई थे, याने कमल के सबसे छोटे चाचा।

बीच वाले चाचा अविवाहित थे, उनकी लम्बी बीमारी के कारण मृत्यु हो गयी थी। उनके हिस्से की ज़मीन का बँटवारा हुआ तो दोनों भाइयों ने आपस में ही खेत बाँट दिये। लेकिन गाँव के दूसरी तरफ़ का खेत जो कि काफ़ी बड़ा था उसे पंचों ने कमल के पिता को दे दिया, क्योंकि वे बड़े थे। यह बात जम्मन सिंह को हजम नहीं हुई। गाँव के नजदीक वाले खेत पर बरसों से नज़र थी जम्मन सिंह की। पंचों के सामने तो मन मसोसकर रह गया, लेकिन गाँव में कुछ एक लोग होते हैं जो इसी खुराफ़ात में लगे रहते हैं कि दो भाइयों को आपस में कैसे लड़ायें और भड़कायें। सास की बात उल्टे बहू को बताकर कैसे झगड़ायें, जब तक दिन में एक बार लड़ाई-झगड़ा न करा लें, चैन नहीं आता उन्हें।

ऐसा ही कुछ आजकल जम्मन सिंह के साथ हो रहा था। सूरज ढलते ही जम्मन सिंह के आँगन में बैठकर देसी शराब का दौर शुरू होता। घर की औरतों को सलाद, पकौड़ी, नमकीन के इन्तजाम के आदेश पे आदेश दिये जाते। आवाज़ में हुड़कताल तो ऐसी मानो दर्जनों रजवाड़ों के राजा हों। पर हक़ीक़त में निपट नालायक। दिनभर मौजमस्ती और शाम दारू के ठेकों पर। अभिशाप ही होते हैं ऐसे लोग धरती पर।

'सुन भुल्ला जम्मन! ऐसे ही झुकता रहेगा तो एक दिन तेरी पुश्तैनी ज़मीन भी हड़प लेगा, इसलिए अभी भी सँभल जा।' अपने काम को अंजाम देता दौलत सिंह बोला।

'अरे मैं तो इससे कह रहा हूँ कि सीधे खेत में हल जोत दे। देखते हैं फिर किसकी मजाल है कि कोई तुझे कुछ बोले।' पूरण ने आग में घी डालने का काम कर दिया।

'हम तो तेरी भलाई के लिए कह रहे हैं वरना हमें क्या? कौन-से तूने हमें उसमें हिस्सेदार बनाना है। पर कल तेरी आने वाली पीढ़ी तो कहेगी कि हमारे पुरखे हमारे लिए लड़े।' फिर से बोला दौलत।

'और अगर कहीं पर कोई परेशानी होगी तो हम भाई किस काम आयेंगे। तू अब कुछ मत सोच बस कल सुबह जाकर पल्ली सार के खेत की जुताई शुरू कर, बाकी हम देखेंगे...।'

'विनाशकाले विपरीत बुद्धि।'

जम्मन सिंह दोनों की बातें बड़ी ध्यान से सुन रहा था, आनन्द के साथ-साथ उसमें जोश भी आ गया, उन कुल विनाशकों को वह देवता समझकर उनके आगे नतमस्तक हो गया। फलस्वरूप सुबह ही खेत पर बैल जोत दिये।

'तेरा खेत कहाँ से आया जम्मन ये? पंचों ने तो मेरे नाम किया है इसे।' कमल के पिता ने समझाया।

'पंच वंच होंगे तुम्हारे। खिला-पिलाकर अपने पक्ष में किया पंचों को तुमने। मैं नहीं मानता इन्हें। पंच ही हैं न, कोई भगवान थोड़े हैं जो हम उनकी हर बात मान लें।' अपनी अकड़ दिखाकर जम्मन सिंह बोला।

'देख जमनू ये ठीक नहीं है। खेत से हट जा वरना...।'

'वरना क्या करोगे? मरवाओगे मुझे? अपने बेटे से पिटवाओगे क्या? जो मर्जी है वो कर लेना लेकिन मैं खेत नहीं छोड़ूँगा।'

कमल के पिता को बीच में टोकते हुए बोला जम्मन सिंह।

कमल के पिता ने जम्मन सिंह के कन्धे पर हाथ रखकर ज्योंही समझाना चाहा, जम्मन सिंह ने हाथ झटककर गिरा दिया उन्हें। वृद्धावस्था की ओर बढ़ता शरीर झटका सह नहीं पाया और कमल के पिता लड़खड़ाकर ज़मीन पर गिर पड़े। जम्मन सिंह के सिर पर ज़मीन का भूत सवार था। वह उनकी छाती पर पैर रखकर चिल्लाने लगा कि– 'तुम्हारा गुलाम नहीं हूँ मैं, जो तुम कहोगे वो मानूँगा। मेरे रास्ते में टाँग अड़ाने की कोशिश की तो जान से मार डालूँगा।'

कमल बीच में कभी चाचा से गिड़गिड़ाता तो कभी पिता को समझाता। किसी तरह बात न बनी तो कमल ने पीछे से चाचा को धक्का दे दिया, जिससे जम्मन सिंह लड़खड़ाकर गिर गया। पिता को खड़ा कर बोला– 'पिताजी मेरे खातिर छोड़ दो ये खेत। ईश्वर ने भरपूर दिया है हमें। नहीं चाहिए मुझे ऐसी ज़मीन जिसमें इतना कलह हो।'

पिता को सहारा देकर घर की ओर ले गया कमल।

रास्तेभर पिता को समझाता रहा– 'पिताजी हमारे लिए आप से बढ़कर कुछ नहीं है। न कोई ज़मीन, न कोई जायदाद।'

'पर बेटा...'

'पर, वर कुछ नहीं पिताजी। अब आप कुछ नहीं बोलेंगे।' बच्चों की तरह समझा बुझाकर घर तक लाया था वह पिता को।

हेलीकॉप्टर लैंड हो चुका था, कमल मानो किसी स्वप्न से जागा हो। हाथों में चाचा का हाथ थामा था। सामने बेहोश जम्मन सिंह...।

कमल के अन्दर तूफान मच गया। जिस ज़मीन के टुकड़े के लिए चाचा ने पिताजी को जान से मारने की धमकी दी, आज वह ज़मीन आपदा ने लील ली। कुछ नहीं बचा। न घर, न खेत। और चाचा? वो भी इस हालत में।

'हे भगवान! क्या दिन दिखा रहा है तू? क्या मेरे परिवार के लोग भी सकुशल मिल पायेंगे मुझे? हे भगवान मुझे हिम्मत दो।' कमल मन–ही–मन प्रार्थना करने लगा।

सत्ताईस

जौलीग्रांट हेलीपैड के पास ही एक बड़े प्राइवेट अस्पताल में ले गये उन्हें।

कमल पूरी रात वहीं अस्पताल में रहा, जब तक कि जम्मन चाचा को होश नहीं आया। अतीत के चलचित्र उसके सामने जीवन्त हो उठे। कर्मों का फल यहीं भोगना पड़ता है। ये बात उसके मन-मस्तिष्क को अधीर कर रही थी।

यदि जम्मन चाचा के लिए उसके मन में ऐसा विचार आया तो फिर उसका परिवार...क्या वह और उसका परिवार भी अपने कर्मों की सजा भुगत रहे हैं? नहीं-नहीं...ऐसा नहीं हो सकता।

मैंने तो किसी का भी बुरा नहीं सोचा। पिताजी तो हमेशा से ही गाँव वालों के सुख-दुःख में मदद करते आये हैं। माँ और सरोज को तो घर के कामों से ही फुर्सत न थी तो किसी का क्या बिगाड़ेंगे। और बच्चे...उनकी तो दुनिया ही अब शुरू हो रही थी।

'हे भगवान! ये क्या हो गया? क्यों इतना क्रूर हुआ ईश्वर?'

अस्पताल की बेंच पर सिर झुकाये बैठा था कमल। ज़मीन पर टपकती आँसुओं की बूँदों ने बारीक-सी लकीर का रूप ले लिया था। तभी अस्पताल के कर्मचारी की आवाज़ ने उसे मानो किसी गहरी निद्रा से उठाया हो।

'आपको बुला रहे हैं'-अस्पताल के कर्मचारी ने कहा।

‘जी...उनको होश आ गया?’ कमल ने पलटते ही पूछा।

‘हाँ शायद...इसलिए आपको बुला रहे।’

और कमल...तेज़ क़दमों से आई.सी.यू. वार्ड में प्रविष्ट हुआ। डॉक्टर जम्मन चाचा के कागजों को जाँच रहे थे।

‘डॉक्टर साहब! कैसे हैं ये अब?’

कमल के शब्द जम्मन चाचा के कानों में पड़ते ही मानो उनमें करंट दौड़ गया। कमल यहाँ कैसे? मन-ही-मन सोचा जम्मन सिंह ने, लेकिन कह नहीं पाये।

‘ख़तरे से बाहर हैं। लेकिन अभी कुछ दिन यहीं रहना पड़ेगा।’

‘क्योंकि सिर के घावों से इनका मानसिक सन्तुलन बिगड़ सकता है। इसलिए इन्हें किसी सदमे या पुरानी घटनाओं से दूर रखना है।’

डॉक्टर ने कमल को समझाया।

‘यह तो शुक्र है कि आप इन्हें सही समय पर अस्पताल ले आये वरना...’ चलते-चलते कमल की पीठ थपथपाकर डॉक्टर ने कहा।

‘चाचा जी आप ठीक तो हैं न?’

कमल जम्मन चाचा के पास बैठ गया। उनका हाथ अपने हाथों में पकड़कर पूछा।

‘कमल...’ और फफककर रो पड़े जम्मन चाचा।

‘क्यों बचाया तूने मुझे...मर जाने दिया होता।’

‘ऐसा मत बोलो चाचा जी। आप जल्दी से ठीक हो जाओ बस।’

‘इनकी दवाई का समय हो गया।’ पीछे नर्स खड़ी थी।

‘आपके पिताजी हैं? नर्स ने कमल से पूछा।

‘जी पिता समान ही हैं। मेरे चाचा जी हैं।’ कमल बोला।

‘ताऊ जी, आप तो भाग्यशाली हो जो आपके भतीजे आपको पिता तुल्य मानकर आपकी सेवा कर रहे हैं। एक उधर वो पेशेंट हैं जिनके परिवार का कुछ अता-पता ही नहीं। आज 15 दिन हो गये उन्हें यहाँ। न कोई पूछने आया और न ही वो कुछ कह पाने की स्थिति में हैं।’ चलो...अपना-अपना भाग्य है।’

चाचा को इंजेक्शन देते-देते अपनी बात कहती चली गयी नर्स।

‘कौन-से पेशेंट हैं सिस्टर?’ कमल ने सहानुभूति प्रकट करते हुए पूछा।

‘बेड नं. 8 पर हैं।’ नर्स इंजेक्शन देकर चली गयी। उत्सुकतावश कमल बेड नं. 8 की ओर बढ़ने लगा।

जैसे ही पास पहुँचा तो उसकी चीख निकल गयी।

‘पिताजी...’ झटके से पेशेंट से लिपट गया कमल।

ये पेशेंट कमल के पिताजी थे।

‘पिताजी! कहाँ थे आप? कहाँ–कहाँ नहीं ढूँढ़ रहा था मैं आपको।’ पिता को सीने से लगा फूट–फूट कर रोने लगा कमल।

‘ये आपके पिताजी हैं?’ कमल के कन्धे पर हाथ रखकर पूछा सिस्टर ने।

‘हाँ सिस्टर! मेरे पिताजी हैं।’

विस्मयभरी नज़रों से कमल को देखती रही सिस्टर।

‘सिस्टर! क्या स्थिति है इनकी?’

‘देखिये ये अभी बोल पाने की स्थिति में नहीं हैं। गहरा सदमा पहुँचा है इनको। इसलिए यह कोई प्रतिक्रिया नहीं कर पा रहे हैं।’

कमल ने पिता के चेहरे को सहलाते हुए कहा...‘कोई बात नहीं सिस्टर। अब पिताजी बिल्कुल ठीक हो जायेंगे।’

पिताजी की भले ही कोई प्रतिक्रिया शारीरिक रूप से न हुई हो, लेकिन उनके हृदय की वेदना आँसुओं के रूप में आँखों के कोरों से टपक पड़ी।

‘देखिये सिस्टर! पिताजी मेरी बातों को सुन रहे हैं।’

यह देखकर सिस्टर भी आश्चर्यचकित रह गयी।

कमल ने अब इस उम्मीद में पूरा अस्पताल एक बार फिर दुबारा छान मारा कि हो सकता है सरोज, माँ और बच्चे भी यहीं कहीं हों, लेकिन उसे उनमें से कोई भी नहीं मिला।

कमल ईश्वर का धन्यवाद देने अस्पताल परिसर में स्थित मन्दिर के सामने हाथ जोड़कर खड़ा हो गया। उसके जीवन की टूटती उम्मीद फिर से जगने लगी। आज पिताजी मिल गये, अब मैं उनके सहारे पर औरों को भी ढूँढूँगा।

‘हे ईश्वर! मुझे शक्ति देना।’

ईश्वर से उसका मूक संवाद कायम था।

अट्ठाईस

लगभग एक माह गुजर गया। बचाव कार्य लगभग समाप्त हो चुका था, अब बाकी थी आँकड़ों की बाजीगरी, कितने मरे, कितने बचाये, कितने लापता। कुछ दिनों तक यही चलता रहा। आर्थिक राहत मिलनी आरम्भ हुई। मृतकों के आश्रितों को पैसा मिलेगा, ऐसा सरकार ने कहा।

'कैसे मृत मान ले कोई अपनों को? केदारनाथ के दर्शन को गये और वापस नहीं लौटे। हज़ारों लोग भटके हैं इधर-उधर। जब तक अपनी आँखों से मृत शरीर न देखूँ तो कैसे भरोसा करूँ?' विक्रम की आँखों से आँसू निकल आये।

यह भी पता चला कि कुछ लोग उस विभीषिका में घबराकर ऊपर जंगल की ओर भागे और वहीं भटक गये।

'मुझे जाना है वहाँ।' विक्रम ने निश्चय किया।

'पागल हो गया है तू, इतने दिन हो गये कौन मिलेगा वहाँ?' दोस्तों ने समझाया।

'हम पहाड़ी लोग हैं, ठण्ड भी सहन कर लेते हैं और जंगल में ऐसे फलों, जड़ों को भी जानते हैं जिन्हें खाकर भूख मिटाई जा सके। वो होंगे वही कहीं।' विक्रम ने दृढ़ता से कहा।

मित्रों ने उसकी इस आशा की किरण को बुझाने का प्रयास नहीं किया, लेकिन किसी की साथ चलने की हिम्मत भी न हुई।

केदारनाथ मार्ग बन्द था। वहाँ किसी को भी जाने नहीं दिया जा रहा था। लेकिन विक्रम को कई ऐसे मार्ग भी पता थे, जिनसे वह वहाँ पहुँच सकता था। दो दोस्त नवीन और सुधीर उसके साथ हो लिए। आख़िर विक्रम की जिद के आगे उन्होंने हथियार डाल ही दिये। अकेले कैसे जाने देते उसे उन बीहड़ जंगलों में भटकने के लिए।

वह साथियों के साथ चलता गया। घने जंगलों के बीच कुछ ऐसे दृश्य दिखे जो होश हर लेते, लेकिन परिजनों को खोजने की जिजीविषा ने बेहोश न होने दिया। वहाँ कई लोग मिले लेकिन जीवित नहीं। ठण्ड अधिक थी इसलिए मृत शरीर ऐसे लगते जैसे निद्रा में हों, गहरी निद्रा में। छूने का मन हुआ, क्या पता कोई हलचल हो, लेकिन शरीर बर्फ से अधिक ठण्डे पड़े थे, त्वचा सख्त हो चली थी।

विक्रम सिहर उठा, क्या झेला होगा इन लोगों ने? जीवन के बचाव में पहाड़ी की ओर भागे होंगे। तेज़ बारिश में भीगते हुए, भीषण शीत का सामना करते हुए, न ओढ़ने को कपड़े, न खाने को भोजन। यात्रियों की पीड़ा की कल्पना मन को व्यथित करने लगी, तो उसने ध्यान बँटाने की कोशिश की।

उस पहाड़ी पर उन्हें जीवन के कोई चिन्ह नज़र नहीं आये। कहीं झाड़ियों में किसी महिला का दुपट्टा फैला पड़ा था तो किसी की साड़ी का टुकड़ा। कहीं जूतों की जोड़ी का एक जूता तो कहीं फटी हुई कमीज का टुकड़ा।

एक माँ को देखा जिसने ठण्ड से बचाने के लिए अपने बच्चे को सारे गरम कपड़े ओढ़ा दिये थे। अभी भी उसका हाथ बच्चे के शरीर पर था, लेकिन दोनों बेजान। माँ सिर्फ़ एक सलवार सूट में और बच्चे के ऊपर उसका उतारा हुआ स्वेटर, शॉल भी पड़ा था।

विक्रम भावविभोर हो उठा। आँखों में आँसू भर आये। कुछ पल वह वहीं बैठ गया। शॉल खींचकर दोनों को ओढ़ा दिया। एक मौन श्रद्धांजलि की तरह। दोस्तों ने उसे हौसला दिया, उसकी आँखें छलछला आयीं।

'माँ' उसके अन्तर्मन से अस्फुट स्वर निकला।

'कहाँ हो तुम?'

मन की विह्वलता आँखों के रास्ते बह निकली। कुछ देर वह वहीं बैठा रहा। माँ की यादें फिर ताजा हो आयीं। याद आया, कढ़ाई में रखी सारी सब्जी माँ ने उसकी थाली में परोस दी थी। सब्जी इतनी स्वादिष्ट बनी थी कि उसने दोबारा माँग ली, माँ ने कढ़ाई का ढक्कन उठाया तो वह खाली थी।

'तू कैसे खायेगी?' उसे शर्मिन्दगी महसूस हुई।

'खा लूँगी बेटा कढ़ाई पोंछकर, तू पेट भर खा ले। माँ का पेट तो बच्चों को तृप्त देखकर ही भर जाता है।' माँ के चेहरे पर पूर्ण सन्तुष्टि के भाव थे।

बस उस दिन से उसने नियम बना दिया था कढ़ाई में रखा साग देखने का। माँ के लिए सब्जी, दाल होने पर ही वह भोजन करता।

माँ होती ही ऐसी है। बच्चों के लिए अपना सबकुछ होम कर देती है। दोस्तों ने उसे ढाढस बँधाया।

'चलो विक्रम अभी हमें बहुत रास्ता तय करना है।' नवीन ने उसके कन्धे पर हाथ रखा।

'हाँ विक्रम! यदि तुम इस तरह हिम्मत हारोगे तो कैसे अपने माँ-पिताजी तक पहुँचोगे, हिम्मत रखो यार, आगे बढ़ो।' सुधीर ने उसका हाथ पकड़कर उठाने का उपक्रम किया। वह उठ खड़ा हुआ। लेकिन माँ-बेटे की वह तस्वीर आँखों से होते हुए मन में समा गयी।

उनतीस

उस बियाबान घने जंगल में अब कोई जीवित न था। दूसरी ओर से होते हुए वह लोग त्रिजुगीनारायण की ओर निकल आये। आगे बढ़ते हुए किसी ने किसी से बात नहीं की। मन भर गये थे सबके, क्या बात करें, कुछ भी समझ में नहीं आ रहा था। विषय बदलने के लिए भी जैसे उनके पास शब्द नहीं थे।

मन खिन्न-सा हो उठा था विक्रम का, लेकिन हिम्मत अभी भी हारी नहीं थी उसने। वह जगह-जगह माता-पिता को ढूँढ़ता हुआ बीमारों-पीड़ितों को भी मदद पहुँचाता रहा।

त्रिजुगीनारायण के लिए वे लोग उतराई उतर रहे थे। रास्ते में अनेक जगह उन्हें कपड़े, जूते आदि बिखरे हुए दिख रहे थे जिससे पता चला कि लोग जीवन को बचाने की आस में इन पहाड़ों की ओर चढ़े होंगे। जल्दबाजी में उनके जूते, कपड़े आदि बिखर गये। काँटों से जूझते हुए कई लोगों के कपड़े भी फट गये होंगे।

यह कभी पैदल रास्ता हुआ करता था। चार फुट का चौड़ा रास्ता आज झाड़-झंखाड़ के कारण दिखना भी मुश्किल हो गया था। कई जगहों पर तो भूस्खलन के कारण रास्ता ही गायब हो गया था। सड़क बन जाने के बाद कई सालों से लोगों की आवाजाही इस पर बन्द हो गयी थी।

तीनों लोग सतर्कता के साथ दाएँ-बाएँ देखते हुए आगे बढ़ रहे थे।

तभी उन्हें पीपल के एक पुराने वृक्ष के नीचे किसी के कराहने जैसी ध्वनि सुनाई दी।

आवाज़ सुनकर सब उधर लपके। एक बीस-बाईस वर्षीय नवयुवक लुंज-पुंज सा तने पर चिपका उकड़ूँ बैठा हुआ था। उसके मुँह से दर्दनाक आह निकल रही थी। उन्होंने झटपट उसको सीधा किया तो विक्रम चौंक उठा।

'राघव! अरे यह तो राघव है।'

'क्या तुम इसे पहचानते हो।' दूसरे दोस्त ने कहा।

'हाँ! यह मेरा सहपाठी था।' विक्रम बोला-'चलो, जल्दी से इसे अस्पताल पहुँचाते हैं।'

फिर तीनों उसे अपने कन्धों पर लादकर त्रिजुगीनारायण की ढलान तेज़ी से उतरने लगे। त्रिजुगीनारायण में बने अस्थाई अस्पताल में तुरन्त उन्होंने उसे दिखलाया। विक्रम एकटक राघव को निहारे जा रहा था।

ईश्वर भी कैसा खेल खेलता है। यह वही राघव था, जिसने उसे जान से मारने की कोशिश की थी। विक्रम को सालभर पहले की वह घटना याद हो आयी।

मई-जून की दोपहरी थी। स्कूल की छुट्टियाँ होने की वजह से वह रोज अपने पशुओं को जंगल में चराने ले जाता, साथ में रोटी और किताब भी एक थैले में रख लेता। एक ऊँचे से पत्थर पर बैठकर वह पढ़ाई में लीन था। उसे धीरे-धीरे उमस महसूस होने लगी। उसने चारों ओर निगाह दौड़ायी तो होश उड़ गये। सूखी पिरुल पर आग की लपट धधकती हुई चारों ओर से उसकी ओर बढ़ रही थी।

उसे कुछ नहीं सूझ रहा था। उसे लगा मानो मौत रूपी यह आग बढ़ती हुई उसे निगल जायेगी।

'अरे! कोई है, मेरी मदद करो। मेरी मदद करो।' वह जोर से चिल्लाने लगा।

उसकी चिल्लाहट के साथ ही दूसरी तरफ़ से ठहाके लगाने की आवाज़ भी उसने सुनी। आवाज़ की ओर मुड़कर देखा तो उसका मन घृणा से भर उठा।

क्या राघव इस हद तक गिर सकता है? क्या उसी ने यह आग लगाई होगी जंगल में। यदि नहीं तो यह आग अचानक अपने आप कैसे फैली।

लक्ष्मी के साथ उस दिन की घटना के बाद राघव उसे किसी-न-किसी तरह से नीचा दिखाने की तरकीब निकालता रहता था, लेकिन कभी सफल नहीं हो पाया था। तो क्या यह उसी की चाल है? क्या वह जान से मार देना चाहता है विक्रम को?

'विक्रम! मैंने कहा था ना कि तू मुझसे पंगा मत ले। तुझे बहुत महँगा पड़ेगा। देख कितनी जल्दी मैंने अपनी बात पूरी कर दी। उस दिन लक्ष्मी को बचाने तो तू आया था, लेकिन आज इस घनघोर जंगल में तुझे बचाने कौन आयेगा?' राघव चिल्ला-चिल्लाकर कह रहा था।

विक्रम की चीख सुनकर घास लेकर घर लौट रही घसयारिनें रुक गयीं। उन्हें देख राघव पेड़ की ओट में छुप गया। महिलाओं ने विक्रम को आग की लपटों से घिरे देखा तो आनन-फानन में अपने बोझे फेंककर उसे बचाने दौड़ पड़ीं, लेकिन इस भीषण आग को पार कैसे करें?

आस-पास कहीं पानी भी नहीं, लेकिन पहाड़ की नारियाँ यूँ ही वीरांगनाएँ नहीं कहलातीं। अपने प्राणों को हथेली पर रखकर उन्होंने हरे वृक्षों की टहनियाँ तोड़-तोड़कर उनसे आग बुझाना शुरू किया। किसी तरह से जितना भी रास्ता बन पाया, उन्होंने उस घुटते हुए धुएँ से विक्रम को बाहर निकाला।

'भगवान का शुक्र है कि आज विक्रम बच गया।' महिलाएँ आपस में चर्चा कर रही थीं– 'नहीं तो सौणी जीते-जी मर जाती।'

'पर यह आग लगी कैसे?' दूसरी महिला ने कहा।

'विक्रम बेटा, किस तरफ़ से आयी आग?' एक महिला ने विक्रम से पूछा।

लेकिन विक्रम भी न जाने किस मिट्टी का बना था? सबकुछ जानते और समझते हुए भी उसने किसी को भी कुछ नहीं बताया।

तीस

'चल विक्रम, आ कुछ खाना खा लेते हैं यार! भूख भी बहुत लगी है।' दोस्त सुधीर ने उसके कन्धे पर हाथ रखते हुए कहा तो विक्रम जैसे गहरी नींद से जागा हो।

'क्या हुआ, तू ठीक तो है ना?' विक्रम की हालत देख सुधीर बोला।

'हाँ, मैं ठीक हूँ। बस कुछ पुरानी बातें याद आ गयी थीं।' विक्रम उठते हुए पुनः बोला-'चलो खाना खा लेते हैं।'

विक्रम नहीं चाहता था कि इस बात को वह किसी से बाँटे क्योंकि इस बात का सम्बन्ध लक्ष्मी से भी था और वह किसी भी कीमत पर लक्ष्मी के मान-सम्मान को ठेस नहीं पहुँचाना चाहता था।

'फिर भी बता तो सही, ऐसे मौके पर तुझे ऐसा क्या याद आ गया कि तू इतना सीरियस हो गया।' सुधीर ने उसे छेड़ा।

'नहीं यार कुछ खास नहीं, बस कॉलेज की एक घटना याद हो आयी थी।' विक्रम ने टालने वाले अन्दाज़ में कहा।

'नहीं, कुछ तो खास है यार।' सुधीर तो जैसे पीछे ही पड़ गया-'क्या इस राघव से जुड़ी हुई है वह घटना?'

'हाँ कुछ ऐसा ही है, मेरा बहुत अच्छा दोस्त था कॉलेज लाइफ का, बहुत मदद करता था मेरी।' विक्रम ने सफेद झूठ बोला।

'ओह! तभी तो उसकी मदद करने के लिए भगवान ने भेजा तुम्हें?' नवीन ने सन्तुष्टि जतलायी।

राघव को प्राथमिक उपचार दिलाने के पश्चात उन्होंने राहत दल के कर्मियों को उसे तत्काल बड़े अस्पताल भेजने का अनुरोध किया।

भूख से तीनों की हालत ख़राब हो रही थी। वहीं त्रिजुगीनारायण के एक ढाबे में बैठकर उन्होंने घर के जैसा बना दाल-भात और हरी सब्जी खायी। विक्रम को माँ के हाथ का बना खाना याद आया, आत्मा जैसे तृप्त हो गयी हो।

वहीं खाने के दौरान ही उन्होंने स्थानीय लोगों से विभीषिका की भयावहता और वहाँ के लोगों द्वारा किये गये सहयोग के बारे में सुना।

बताया गया कि आपदा की रात्रि हज़ारों की संख्या में तीर्थयात्री और स्थानीय लोग ऊपर की ओर भागे। दो दिन तक लगातार हो रही वर्षा के कारण पीड़ितों का बुरा हाल था। ऐसे में त्रिजुगीनारायण के लोगों ने उनके लिए अपने-अपने घर खोल दिये थे। घर के अन्दर जमा खाद्य सामग्री को तैयार करके तीन-चार दिन तक निस्वार्थ रूप से पीड़ितों को निःशुल्क खिलाया।

यह जानकर भी कि आपदा के बाद सड़कें ध्वस्त होने के कारण कई महीनों तक बाज़ार में राशन एवं अन्य खाद्य सामग्री नहीं पहुँचने वाली, फिर भी लोगों ने खुलकर अपने घरों में लंगर लगा दिये।

उनकी इस सहायता से हज़ारों तीर्थयात्रियों एवं स्थानीय लोगों की जान बच गयी थी। स्थानीय लोगों के इस सेवाभाव की कहानी सुनकर विक्रम का सिर उनके लिए श्रद्धावनत हो गया।

'भगवान त्रिजुगीनारायण हमेशा यहाँ के लोगों को खुशहाल रखें।' उसने मन्दिर की ओर हाथ जोड़कर मन-ही-मन प्रार्थना की।

इकतीस

जीवन में कई प्रकार के लोगों से हमारा वास्ता पड़ता है, कुछ लोग होते हैं जो बिना बात जान के दुश्मन बन जाते हैं और कुछ लोग होते हैं जो जीवन में बिना स्वार्थ के मदद करते हैं, ऐसे लोग मन के अन्दर हमेशा जीवित रहते हैं, उन्हें कभी भी भुलाया नहीं जा सकता।

विक्रम के साथ भी ऐसा ही हुआ। उसे याद है जब वह बारहवीं में पहुँचा था तो उसके गणित के गुरुजी ने पूछा था।

'आगे क्या करने का इरादा है?'

'नौकरी ढूँढूँगा कोई, घर की स्थिति आगे पढ़ाने की नहीं।'

'कैसी बातें कर रहे हो तुम, इतने होनहार विद्यार्थी और बारहवीं के बाद पढ़ाई छोड़ दोगे?'

विक्रम ने सिर झुका लिया।

'हताश मत होओ, जैसे अब तक चला, वैसे ही आगे भी चलेगा, बारहवीं में अच्छे नम्बर लाओ और किसी अच्छे कोचिंग इंस्टीट्यूट में एडमिशन ले लो।'

'कोचिंग!' वो चौंक उठा था।

'ये पढ़ाई तो बहुत महँगी होती है सर, और शहर जाना पड़ेगा इसके लिए। कैसे संभव होगा।'

शहर जाने के नाम पर ही वह घबरा उठा था। वह तो बस में भी पहली बार तब बैठा था, जब प्रदेश की योग्यता सूची में आने वाले विद्यार्थियों को राजधानी में मुख्यमन्त्री ने सम्मानित किया था।

देहरादून शहर की भाग-दौड़ और वाहनों की रेलमपेल से वह घबरा गया था।

'इससे अच्छा तो गाँव है हमारा, किसी बात का डर नहीं।' उसने मन-ही-मन सोचा।

गणित के गुरुजी ने उसकी एक न सुनी। बस कुछ फार्म मँगवाये और उन्हें भरकर भिजवा दिया। कुछ पुस्तकें भी लाकर दीं।

'अपनी पाठ्यपुस्तकों के साथ-साथ इन्हें भी पढ़ो, अवश्य सफल होगे। और कोई परेशानी होगी तो मुझसे कहना। मैं फिजिक्स और केमेस्ट्री के गुरुजी को भी कह दूँगा।' गुरुजी ने उसे उत्साहित किया।

अगर कुछ लोग उसके जीवन में न होते तो कहाँ होता वह इस समय? बचपन में प्राइमरी स्कूल में गुरुजी न मिले होते तो वह कक्षा में सबसे पीछे बैठा अपना आत्मविश्वास खो चुका होता। यह भी हो सकता था कि जानकारी के अभाव व खर्च की चिन्ता में स्कूल भी छोड़ चुका होता।

बाद में गणित के अध्यापक ने उसे राह न सुझाई होती और हौसला न बढ़ाया होता तो बारहवीं के बाद तो वह नौकरी की तलाश में जुट गया होता।

'तुम्हारा बेटा छोटी-मोटी नौकरी के लिए नहीं बना, ये तो कुछ अच्छा करेगा।' इन्हीं अध्यापक ने जब उसके पिता से कहा था तो उन्हें समझ न आया, उनके लिए तो किसी दफ़्तर का चपरासी और गाँव का पटवारी भी बहुत बड़ा साहब था। अब उनका बेटा क्या उनसे बड़ा बनने वाला था।

विक्रम ने गणित के अध्यापक की बात मानी और उसके बाद दिन-रात जी-जान से मेहनत की।

परीक्षा परिणाम आया तो विक्रम के माथे दोहरी सफलता का ताज सजा। एक था बोर्ड परीक्षा की मेरिट में तीसरा स्थान और दूसरा देहरादून

के एक प्रतिष्ठित कोचिंग इंस्टीट्यूट में आई.ए.एस. की कोचिंग के लिए उसका चयन।

क्षेत्रभर में चर्चा थी। विक्रम ख़ुश था, लेकिन अन्दर से डरा हुआ भी। इम्तिहान तो पास कर लिया अब आगे क्या? कहाँ रहना है, कैसे रहना है? उसे कुछ भी पता न था। गुदड़ी का लाल आसमान चूमने चला था, लेकिन राह पता न थी।

अब तक वह बहुत ही छोटी दुनिया में जी रहा था। घर से बाहर कॉलेज और कॉलेज से घर, यही उसकी दुनिया थी ज्यादा-से-ज्यादा महीने-दो महीने में अपने निकटतम बाज़ार गुप्तकाशी तक आना जाना था। देहरादून जैसे शहर की कल्पना करके उसके मन में एक अजीब-सी घबराहट होने लगती, लेकिन साथ ही बड़े शहर में कोचिंग करने का उत्साह उसके मन को आनन्दित भी करता।

और इस राह के पथ-प्रदर्शक बने उनके पुराने और नये गुरु और आर्थिक मदद की छोटी बहू ने।

बत्तीस

उत्तराखण्ड के सुदूरवर्ती गाँव में मुश्किलों से पला-बढ़ा एक नवयुवक कुछ सहृदय लोगों की मदद और अपनी मेहनत के बलबूते प्रदेश की राजधानी के कोचिंग इंस्टीट्यूट में प्रवेश पा चुका था।

एक नयी दुनिया, एक नया आकाश। बहुत अच्छे परिवारों के बच्चे, धड़ल्ले से अंग्रेजी बोलते विद्यार्थी, गाड़ियों का जमघट देखकर जैसे विक्रम ठगा-सा...रह गया।

'नहीं रह पाऊँगा गुरुजी मैं यहाँ,' उसने उनके पैर पकड़ लिए।

'लेकिन क्यों? इतनी मेहनत के बाद किस बात से घबरा रहे हो?'

'यहाँ का माहौल, रहन-सहन। मैं नहीं रह पाऊँगा, मैं वहीं कहीं किसी कॉलेज से बी.एस.सी. कर लूँगा।'

'हिम्मत रखो विक्रम, सब ठीक होगा। यहाँ से वापस लौटना मुनासिब नहीं तुम्हारे लिए।'

और फिर जहाँ दोनों गुरु जाते उनके पीछे-पीछे विक्रम यन्त्रवत चल देता और अन्ततः वह कॉलेज का चक्रव्यूह, विक्रम साइंस का विद्यार्थी था। छात्रावास की बिल्डिंग में प्रवेश करते समय भी उसके मन में भय था।

'कैसे कपड़े पहनते हैं यहाँ पर लड़के-लड़कियाँ? माता-पिता डाँटते नहीं होंगे क्या? क्या ऐसे कपड़े पहनना आधुनिकता और उन्नति के लिए अपरिहार्य है?' उसकी सोच उसे अपने गाँव के स्कूल की ओर

ले जा रही थी। उस स्कूल में लड़के भी थे और लड़कियाँ भी, लेकिन वातावरण कितना भिन्न था।

'आई एम योर रूममेट, अभिषेक।'

शाम के वक़्त वह अपना सामान कमरे में लगा रहा था कि उसी के हमउम्र एक लड़के ने कमरे में प्रवेश किया।

विक्रम ने विषय के रूप में अंग्रेजी पढ़ी थी, लेकिन माध्यम हिन्दी ही था, अंग्रेजी समझ तो लेता था, लेकिन बोल न पाता।

'मैं विक्रम हूँ।' उसने दोनों हाथ जोड़ दिये।

'अरे मैं तुम्हारा दोस्त हूँ, हाथ मिलाओ' और एक नयी मित्रता का आरम्भ हुआ।

अभिषेक राजस्थान के जोधपुर शहर से था, माता-पिता दोनों सरकारी नौकरी में थे और वह उनकी इकलौती सन्तान। पैसे की कमी न थी, लेकिन अभिषेक इन सब बातों से अलग अपने में ही रहता।

'मम्मी-पापा की बहुत सारी उम्मीदें हैं मुझसे। उन्हीं के लिए ये एग्जाम दिया था, वरना मेरी तो इंजीनियरिंग में बिल्कुल रुचि नहीं।' उसने पहली ही मुलाकात में बता दिया।

विक्रम सुनता रहा उसकी बातें, कितना कुछ जानते, समझते हैं शहरी बच्चे, इनकी रुचि-अरुचि भी होती है, और भी बहुत कुछ करना चाहते हैं।

एक वह है, यदि गुरुजी ने राह न सुझाई होती तो बारहवीं पास कर किसी सरकारी दफ़्तर में क्लर्क होता या चपरासी, वैसे वह टीचर भी बन सकता था, लेकिन उसके लिए भी बहुत पढ़ना पड़ता।

'मैं ही अपने बारे में बताता चला जा रहा हूँ, तू भी तो बता कुछ अपने बारे में।' विक्रम को शान्त देख उसने कहा।

'हूँ', विक्रम जैसे सोते से जागा। जो कुछ अभिषेक अपने बारे में बता रहा था, क्या ऐसी भी दुनिया होती है किसी की।

'मैं उत्तराखण्ड से हूँ।'

'वाऊ, उत्तराखण्ड! ये तो बहुत खूबसूरत राज्य है। मसूरी, नैनीताल, बदरीनाथ, केदारनाथ सब वहीं तो हैं।'

'मेरा गाँव भी केदारनाथ के पास ही है, अभिषेक का उत्साह देख विक्रम की झिझक थोड़ी-सी दूर हुई।'

'कितने लकी हो तुम, ऐसी सुन्दर जगह पर रहते हो, केदारनाथ तो कई बार गये होगे।'

'गया हूँ 2-3 बार। लेकिन तुम्हें कैसे इतना पता है उत्तराखण्ड के बारे में।'

'मुझे घूमने का शौक है। पहाड़ों पर ट्रैकिंग करने का। लेकिन मम्मी-पापा डरते हैं भेजने में। एक बार उत्तरकाशी जिले में कुश कल्याण है एक जगह, वहाँ गया था अपने स्कूल के साथियों के साथ। मेरे दादी-दादाजी दोनों लोग गये थे चार-पाँच साल पहले बदरीनाथ-केदारनाथ।

विक्रम को अच्छा लगा, अपनत्व की एक और डोर बँध गयी।

तैंतीस

परिश्रम का कोई विकल्प नहीं होता और फिर जब उसके साथ इच्छाशक्ति और बुद्धि दोनों का साथ हो तो परिणाम अच्छा ही होगा, और वही विक्रम के साथ भी हुआ।

पहली बार में ही उसे सफलता मिल गयी थी। माँ-पिताजी चाहते थे कि बेटा जल्दी से जल्दी नौकरी पर लग जाये, खुद विक्रम भी माँ-पिता की स्थिति देखकर हमेशा ईश्वर से यही प्रार्थना करता कि उसे जल्दी से जल्दी कोई रास्ता मिल जाये।

समय अच्छा हो तो बीतते समय नहीं लगता, वर्ष मानो पलों में बदल पंख लगा उड़ जाते हैं, लेकिन वहीं समय जब काटने को दौड़े तो एक-एक पल भी वर्षों के समान लगता है। यही स्थिति विक्रम के माता-पिता की भी थी, और स्वयं विक्रम की भी।

'माँ के हाथ कितने खुरदुरे हो गये हैं। पहले तो इतनी ख़राब स्थिति न थी।' उसने मन-ही-मन सोचा, फिर ध्यान से एक बार उसके चेहरे की ओर देखा। चेहरे पर झुर्रियाँ भी पड़ने लगी थीं और आँखों के नीचे गड्ढे पहले से अधिक काले और गहरे हो गये थे।

माता-पिता चाहते थे, विक्रम खाने-कमाने लगे तो उसकी ज़िन्दगी अच्छी हो और विक्रम चाहता था कि वह कमाने लगे तो माता-पिता की ज़िन्दगी कुछ आसान कर सके।

आज जबकि वह माँ-पिता के सपने पूरे करने जा रहा था तो ईश्वर ने उसकी खुशियों को ग्रहण लगा दिया। उसके पास आज सफलता थी, पर उस सफलता पर हर्षित होने वाले माँ-पिता का पता ही नहीं था, रह-रह कर उसे माँ का चेहरा याद हो आता।

'माँ! कहाँ हो तुम?' उसके मुँह से निकला और आँसू बह चले।

'परेशान न हो बेटा मिल जायेंगे तुम्हारे माता-पिता, हम बुड्ढों को देखो, इसी आस में जी रहे हैं कि हमारे बेटे लौटकर आयेंगे।' उस गाँव के वृद्ध दम्पत्ति ने उसे समझाया।

विक्रम ने ध्यान से उनकी ओर देखा। झुर्रियों पड़े चेहरे पर पनीली आँखें, इनके दो जवान बेटे केदारनाथ में दुकान करते थे, आज उनका कुछ पता नहीं। घर में दोनों की पत्नियाँ व बच्चे थे।

'ईश्वर इतना कठोर नहीं हो सकता बेटा, छोटी बहू का बच्चा होने को है, केदार बाबा उसके जन्म से पहले ही उसके सिर से पिता का साया छीन नहीं सकते।' वृद्ध अपने आप में बड़बड़ा रहे थे, बगल में बैठी उनकी पत्नी की आँखों से एक बार फिर अश्रुधारा बह चली।

विक्रम उनको दिलासा दे फिर निकल पड़ा खोज में। एक बार फिर राह में पड़ने वाले सभी राहत शिविरों को, अस्पतालों को छान डाला और देखा कि स्थान-स्थान पर लोगों ने अपनों के चित्र छपवाकर पोस्टर लगवाये हैं। साथ में दिया है अपना फ़ोन नम्बर, और कई लोगों ने तो ईनाम भी घोषित किया है ढूँढ़कर लाने वालों के लिए। पोस्टर में बूढ़ों के चित्र भी थे तो युवाओं और मासूम बच्चों के भी।

'माँ-पिताजी, कहाँ हो तुम? हे ईश्वर क्या बुरा किया था हमने किसी का, जो ऐसी सजा मिली?' और वह फूट-फूट कर रो पड़ा।

रोता रहा न जाने कितनी देर तक। बचपन से लेकर अब तक सब कुछ याद आता रहा और आँसू बहते रहे।

अचानक उसे अपने सिर पर किसी के हाथ का स्पर्श महसूस हुआ।

'माँ' उसके मुँह से हठात् निकल पड़ा, उसने पीछे मुड़कर देखा और फिर आँखें नीची कर लीं। ये माँ का स्पर्श नहीं था, एक व्यक्ति उसकी ओर झुककर उसके माथे को सहला रहा था।

'क्या हो गया बेटा?'

व्यक्ति का स्वर इतना कातर और स्नेहपूर्ण था कि विक्रम एक बार फिर फूट पड़ा।

'मेरी माँ, मेरे पिता दोनों का कुछ पता नहीं।'

'यहीं के हो?'

विक्रम ने हाँ में सिर हिलाया। फिर दोनों के बीच बहुत-सी बातें हुईं, गाँव, घर का पता पूछा गया, अपनी आपबीती सुनाई गयी।

वह व्यक्ति भी विक्रम की ही भाँति अपना सबकुछ खो चुका था और तलाश में था अपनों की। दोनों के गाँव आस-पास ही थे।

'चलो मेरे साथ, दोनों मिलकर खोजेंगे अपनों को।' उस व्यक्ति ने कहा और विक्रम चल पड़ा उसके साथ।

वह व्यक्ति था, अपनों को पागलों की तरह ढूँढ़ रहा कमल।

कमल की आपबीती सुनकर विक्रम को अब अपना दुःख कुछ हल्का लगने लगा, उसे मालूम था कि उसकी तरह ही न जाने कितने लोग मानसिक पीड़ा से गुजर रहे हैं। किसी के माँ-पिता लापता हैं, तो किसी के जवान बेटे नहीं मिल रहे।

उसके गाँव के निकट तो एक गाँव ऐसा भी है, जहाँ केवल महिलाएँ और बच्चे ही घर में हैं, गाँव के पुरुषों का कुछ भी अता-पता नहीं है। वहाँ के सारे पुरुष केदारनाथ में कोई-न-कोई व्यवसाय करते थे। किसी का होटल था तो किसी का रेस्टोरेंट, कोई फूल और प्रसाद बेचने का कार्य करता था तो कोई पुरोहिताई।

आज पूरे के पूरे गाँव में मातम-सा माहौल था। बच्चे-बूढ़े और महिलाएँ बिलख रहे थे, बुजुर्गों की आँखें नम थीं। बुजुर्ग अपनी ढलती उम्र के चलते अपनों की खोज करने में असमर्थ थे, तो महिलाएँ बच्चों और बुजुर्गों को घर में छोड़कर जाने से लाचार थीं। बस सब भगवान से ही प्रार्थना कर रहे थे। कमल का साथ पाकर विक्रम को एक बार फिर कुछ सहारा मिला। अपनों को ढूँढ़ने हेतु नयी ऊर्जा का संचार उसके थक चुके मन-मस्तिष्क में हुआ।

चौंतीस

डॉक्टर-नर्सों के न चाहते हुए भी लक्ष्मी को बहुत-सी बातों का पता चलने लगा था। कमल से उस पहली मुलाकात में ही उस दुःस्वप्न की यादें ताजा हो आयी थीं।

'मेरी माँ कहाँ है?'

'घायल है, दूसरे वार्ड में है।' नर्स ने आँख चुराते हुए जवाब दिया।

'हाँ, वह दब गयी थी मलबे में उस दिन, उसे ज्यादा चोट लगी होगी।' कुछ सोचते हुए उसने कहा।

'मेरे पिताजी और भाई? वह केदारनाथ में थे।' उसने फिर पूछा।

तभी नर्स को किसी ने आवाज़ दी और वह उस ओर चली गयी।

'केदारनाथ में तो बहुत तबाही हुई है इस बार, मेरे माता-पिता का कुछ पता नहीं। आखिरी बार 15 जून को रामबाड़ा से बात हुई थी, अगले दिन वे केदारनाथ जाने वाले थे। बगल में ही खड़े दो व्यक्ति रूँआसे स्वर में बातचीत कर रहे थे।

कहने वाले व्यक्ति की आवाज़ कहते-कहते रुक गयी और आँखों से आँसू बहने लगे।

'अंकल' लक्ष्मी ने उन्हें आवाज़ दी।

'आप लोग कहाँ से आ रहे हैं?' उनके पास आते ही उसने पूछा।

'हम दिल्ली से हैं। मेरे माता-पिता केदारनाथ यात्रा पर आये थे, लेकिन उनका अब कोई पता नहीं।'

'क्यों? क्या हुआ वहाँ?' थोड़ी-बहुत जानकारी के बावजूद वह अनजान बन गयी।

'तुम्हें नहीं मालूम, वहाँ तो तबाही हो गयी, पानी का एक रेला आया और सबकुछ बहा ले गया, बड़ी-बड़ी इमारतें जैसे तिनकों की तरह बिखर गयीं।' वह व्यक्ति बताने लगा।

'हज़ारों लोग लापता हैं। पता नहीं जीवित भी हैं या...।' बुरी बात की आशंका से पूर्व ही उसने अपना वाक्य अधूरा छोड़ दिया।

'क्या केदारनाथ जी का मन्दिर भी?' मन में एक आस लिए उसने पूछा।

'वही बचा है शायद वहाँ पर, उसके अन्दर भी बहुत लोगों ने शरण ली, कुछ बच गये, कुछ भक्त वहाँ भी नहीं बचे।'

'लाशों के ढेर पर खड़े होकर जान बचाई है लोगों ने।'

'मतलब, लोग बचे भी हैं।' लक्ष्मी के मन में एक आस जगी।

'हाँ, कुछ लोग बचे भी हैं, लेकिन जगह-जगह अस्पतालों, राहत शिविरों में उन्हें ढूँढ़ना मुश्किल हो रहा है।'

'तो मेरे पिताजी और भाई भी होंगे।' उसने अपने आप से कहा।

'कुछ कहा तुमने?'

'मेरे पिताजी और भाई भी वहीं पर थे, मेरा छोटा वाला भाई बहुत बहादुर और मजबूत है, ज़रूर उसने बचा लिया होगा उन्हें।'

दोनों ने उसकी ओर देखा, आँखों में दया और संवेदना लिए विश्वास के साथ लक्ष्मी बड़बड़ायी।

'ईश्वर करे ऐसा ही हो।'

उन्होंने अपने दोनों हाथ ऊपर की ओर दुआ के लिए फैला दिये और चल दिये अपनों की खोज में।

धीरे-धीरे लक्ष्मी को सारे घटनाक्रम की जानकारी हो गयी। अब उसे अपनी पीड़ा की चिन्ता नहीं थी, वरन माँ-पिता जी और भाइयों की चिन्ता खाये जा रही थी। उसका बस चलता तो वह इस अस्पताल से

निकलकर अपने गाँव चली जाती, आख़िर देखती तो सही कि वहाँ पर हुआ क्या है, लेकिन लाचार थी वह, जा नहीं सकती थी। अब उसे यह अस्पताल जेल जैसा लगने लगा था।

वह अपनों की सलामती के लिए सिर्फ़ प्रार्थना कर सकती थी, और कुछ भी नहीं। मन में कई उल्टे-सीधे विचार उसको उद्वेलित भी कर देते, लेकिन इस सबके बावजूद भी उसके मन में दृढ़ विश्वास था कि सब लोग सलामत होंगे। यही विश्वास उसको जीने के लिए प्रेरित कर रहा था।

पैंतीस

धर्मशालाओं, बस अड्डों और राहत शिविरों की खाक छानते-छानते विक्रम को आज इस अस्पताल में लक्ष्मी मिल ही गयी थी। लक्ष्मी को मिलाने में कमल उसका सहायक बना था। लक्ष्मी की हालत देख उसकी आँखें छलछला आयीं। मुरझाया हुआ चेहरा और धँसी हुई आँखें उसकी विवशता को दर्शा रही थी।

'कैसी है तबीयत अब?' विक्रम कमल के साथ उसके सामने खड़ा था।

'ठीक हूँ मैं।' घुटे हुए स्वर और सजल नेत्रों से लक्ष्मी ने कहा।

'गाँव गया था मैं, तुम्हारे गाँव भी गया।' विक्रम बोला।

लक्ष्मी एकटक विक्रम की ओर देखती रही।

'तुम्हारी माँ का भी कुछ पता नहीं चला।'

कुछ विक्षिप्त-सी निगाहों से लक्ष्मी ने विक्रम की ओर देखा।

'ये कह क्या रहे हैं आप, माँ का पता नहीं है। नर्स कहती है माँ यहाँ है।'

विक्रम ने बात बदली– 'ढूँढ़-ढूँढ़ कर थक गया हूँ, मेरे माता-पिता भी नहीं मिल रहे हैं। थक गया हूँ, हार गया हूँ। एक-एक राहत शिविर, एक-एक अस्पताल छान मारा।'

'क्या मेरे पिताजी और भाइयों को भी देखा कहीं?' निरीहभाव से लक्ष्मी ने पूछा।

'ना, लेकिन अभी भी सम्भावना है। लोग इधर-उधर बिखरे पड़े हैं।' विक्रम बुदबुदाया।

'मेरी मदद करो, अपने परिवार के साथ मेरे घरवालों को भी खोज दो, कब तक पड़ी रहूँगी मैं अस्पताल में।'

'ये भी कोई कहने की बात है, कोई जान-पहचान का मिले उसे तो घर पहुँचाना ही है सबको।' ख़ुद ही जवाब देकर वह जोर से हँस दी।

उसकी हँसी का स्वर कई दिनों से उसे देख रही नर्स को अन्दर तक कँपा गया। कुछ अजीब-सा भाव था उसमें– 'क्या लक्ष्मी मानसिक सन्तुलन खो रही है?'

'नहीं-नहीं, ऐसा नहीं होना चाहिए इसके साथ। लेकिन इसके साथ यहाँ पर कोई नहीं, ये बात कब तक छिपेगी इससे।

और उसकी यह आशंका सत्य होती दिखी।

'दीदी! अब तो मैं ठीक हूँ कुर्सी पर बैठाकर माँ के पास ले चलो ना, कैसी हैं अब वो?'

'नहीं-नहीं तुम अभी उठ नहीं सकतीं और माँ के कमरे में तो बिल्कुल नहीं जा सकतीं।' नर्स हड़बड़ाहट में बोल गयी।

'क्यों नहीं जा सकती? आख़िर ऐसा क्या हुआ है उन्हें?'

'मैंने कहा ना, नहीं जा सकतीं। आराम करो चुपचाप।' उसे झिड़ककर नर्स चल दी, लेकिन ये समस्या का स्थायी समाधान न था। एक न एक दिन तो ये राज़ खुलना ही था।

'मेरी माँ का हाथ उस रात छूट गया था, तब से उसे देखा नहीं,' लक्ष्मी का स्वर उसे किसी अँधेरे कुएँ से आता प्रतीत हुआ।

'हाँ मैंने सुना था उनके बारे में, बहुत ख़राब लगा।'

'डॉक्टर ने मुझे बताया है वह यहीं हैं, इसी अस्पताल में। पर घायल ज्यादा हैं, मिलने नहीं देते मुझे उनसे।' उदासी छा गयी उसके चेहरे पर।

विक्रम चौंका। लक्ष्मी की माँ और यहाँ पर? तो क्या डॉक्टर उससे झूठ बोल रहे हैं, लेकिन क्यों? क्या इससे बाद में परेशानी नहीं होगी?

इन्हीं प्रश्नों को लेकर वह डॉक्टर से मिला।

'देखिये, उस लड़की ने अपनी माँ को अपने सामने मलबे में समाते हुए देखा है। उसका मानसिक आघात उसके मस्तिष्क पर है। अगर अब हमने उसे ये बताया तो वह सन्तुलन खो सकती है।' डॉक्टर ने समझाया।

'लेकिन कब तक? एक न एक दिन सच्चाई तो उसके सामने आनी ही है।'

'तब तक जब तक वह इस आघात को सहने लायक नहीं हो जाती, वैसे भी उसके पिता और भाइयों का कुछ पता नहीं, शायद तब तक उनमें से कोई मिल जाय जो उसे बता पाने की स्थिति में हो।' डॉक्टर ने अपनी मजबूरी समझायी।

विक्रम कुछ समझा नहीं। उसके माता-पिता भी लापता थे, जीवित या मृत दोनों का पता नहीं, मन की आशा उन्हें जीवित मानती थी और परिस्थितियाँ किसी अनहोनी की ओर इशारा कर रही थीं।

'तो क्या वह भी मानसिक सन्तुलन खो सकता है?' उसने अपने-आपसे प्रश्न किया।

'क्या वह सामान्य है?' एक और प्रश्न उसके मन में आया।

मैंने कभी किसी का बुरा नहीं किया, फिर ये सजा क्यों?' विक्रम का सवाल ईश्वर से था।

छत्तीस

आपदा आने के कारणों पर बहस जारी थी। अधिकांश वैज्ञानिक इसका कारण प्रकृति से अत्यधिक छेड़छाड़ और अनियोजित विकास को बता रहे थे।

'तो क्या वह प्रकृति का दोषी था?'

मन में कई तरह के प्रश्न कौंध उठे। क्या उसने भी प्रकृति के साथ अन्याय किया था? इस तरह वह अपने सम्पूर्ण अतीत के भले-बुरे का अन्वेषण करने लगा।

क्या उसका बहुमंजिला होटल नदी के सीने पर बनाया गया था, क्या उसने भी नदी का मार्ग अवरुद्ध किया था?'

'हे केदारनाथ जी, एक बार मिलवा दो मुझे मेरे परिवार से। आगे से कभी कोई गलती नहीं करूँगा, कभी नहीं।' कमल लगभग रो पड़ा।

पिछले कुछ दिनों में न जाने कितनी बार वह फूट-फूट कर रोया था।

आज लक्ष्मी को देखकर उसे एक नयी चिन्ता हुई। लक्ष्मी इस उम्मीद में है कि उसकी माँ जीवित है, जबकि ये सारा गाँव जानता है कि वह उसी रात मलबे के सैलाब में समा गयी थी। उसके पिता और भाइयों का अभी तक कोई पता नहीं। ईश्वर न करे यदि उन्हें कुछ हो गया हो तो ये लड़की अवश्य ही विक्षिप्त हो जायेगी।

लक्ष्मी की हालत में धीरे-धीरे सुधार हो रहा था और उतनी ही बार वह अपनी माँ, पिता और भाइयों के बारे में पूछती थी।

'आप लोग मुझसे कुछ छिपा रहे हैं।' अन्ततः एक दिन उसने डॉक्टर के सामने अपनी शंका व्यक्त कर ही दी।

'आपको जो कहना है कहिए, मैं सब सुनने को तैयार हूँ।' डॉक्टर को चुप देख लक्ष्मी के स्वर की दृढ़ता तो बढ़ी लेकिन मन अन्दर से सूखे पत्ते की भाँति काँप उठा।

मन-ही-मन वह ईश्वर से मनाती रही कि उसे कुछ बुरा सुनने को न मिले।

'लक्ष्मी, तुम्हारी माँ नहीं रही।' लक्ष्मी की हिम्मत देख डॉक्टर ने भी हिम्मत बटोरी और लक्ष्मी की प्रतिक्रिया देखने कुछ देर वहीं रुक गये।

लक्ष्मी चुप थी, शान्त थी बाहर से सब कुछ ठीक ही लगा लेकिन कुछ पलों की ये शान्ति भीतर उठते झंझावत का आरम्भ मात्र थी। लक्ष्मी के चेहरे पर आते भाव डॉक्टर ने पढ़ने में गलती न की।

'सिस्टर इसके पास रहो, कुछ देर में प्रतिक्रिया देखो।'

पर लक्ष्मी की कोई प्रतिक्रिया न हुई, चेहरा पत्थर के समान कठोर, शून्य में ताकती निगाहें, आँखों में एक बूँद भी आँसू नहीं। कुछ देर वह यूँ ही शून्य में कुछ खोजती बैठी रही, फिर थोड़ी देर में बिस्तर पंर लेट गयी, जैसे कुछ हुआ ही नहीं हो।

नर्स ने उसे नींद का एक इंजेक्शन दे दिया, ताकि मानसिक रूप से उसे कुछ आराम मिल सके। लक्ष्मी की हालत विक्रम से देखी नहीं जा रही थी। उसे लग रहा था कि जैसे सबकुछ समाप्त हो गया है। माता-पिता का पता नहीं और कठिन क्षणों में जो लोग साथ व प्रेरणा देते रहे, उनकी स्थिति भी कष्टकारी थी। चाहे लक्ष्मी हो या छोटी बहू दोनों ने ही हमेशा उसका हौसला बढ़ाया था।

'चलो विक्रम! मैंने डॉक्टर से बात कर ली है, वह उसका पूरा ख्याल रखेंगे।' कमल ने विक्रम से कहा– 'अभी हमारी मंजिल अधूरी है, जिस तरह से हमें लक्ष्मी मिल गयी, उसी तरह से हमे सब लोग मिल जायेंगे।'

सैंतीस

अब सरकार की ओर से राहत सामग्री भी आनी शुरू हो गयी थी। न केवल सरकार की ओर से, अपितु देश के कोने-कोने से अनेक संस्थाओं, ट्रस्टों और सरकारों द्वारा ट्रक के ट्रक राहत सामग्री भेजी जाने लगी। इन सामग्रियों में कपड़े, जूते, चप्पल, टार्च, स्टोव, सूखे मेवे, फल, बिस्कुट आदि शामिल थे। कमल भी इस राहत सामग्री के वितरण में सहारा बना।

कई जगह राहत सामग्री को लेकर छीना-झपटी हुई, तो कुछ स्थानीय लोगों ने तरीके से पंक्तिबद्ध कर सामग्री वितरित करने में मदद की। कुछ लोग ऐसे भी थे, जिन्होंने अपनी राजनीति चमकाने के उद्देश्य से वर्ग विशेष, दल विशेष के लोगों को लाभ पहुँचाने का भी प्रयास किया, लेकिन कुछ स्वयंसेवी युवाओं और स्थानीय समाजसेवियों ने उन्हें सफल न होने दिया।

कुछ लोगों ने राहत सामग्री के नाम पर अपना नाम चमकाने का कार्य भी किया। राहत कम बाँटी, फ़ोटो खिंचवाकर और अख़बारों में छपवाकर अपना प्रचार अधिक किया।

इस मुश्किल घड़ी में देश के प्रमुख साधु-सन्त भी पीछे नहीं रहे। अपने आश्रमों और ट्रस्टों के माध्यम से उन्होंने भी जगह-जगह राहत शिविर और लंगर लगवाकर पीड़ितों की भरपूर मदद की।

‘क्या इस वक़्त भी ये लोग अपने क्षुद्र राजनीतिक स्वार्थों से ऊपर नहीं उठ सकते। क्या चुनाव जीतने के लिए वोटर बटोरना ही इनका एकमात्र उद्देश्य है।’ कमल को ऐसे लोगों को देख वितृष्णा हो आयी।

आपदा ने किसी के साथ भेदभाव किया है क्या? जो राहत के लिए भेदभाव किया जाय? ये समझने के बाद भी न जाने क्यों कुछ लोग बुरे वक़्त में भी अपना हित साधने से बाज नहीं आते?

गाँवों में कई परिवार ऐसे थे, जिनके घर का मुखिया लापता था, कई परिवारों में स्त्री और छोटे बच्चे ही शेष रह गये थे। उसे पता चला कि ऐसे कई लोग राहत सामग्री लेने भी नहीं आये हैं।

कमल स्वयं चलकर ऐसे घरों तक गया। गोद में बच्चे लिए महिलाएँ सन्न थीं। एक बीस वर्षीय लड़की की गोद में दो माह का बच्चा रोये जा रहा था, लेकिन उसे न बच्चे का होश था न स्वयं का। अन्दर से सास ने आकर झकझोरा, तो वह जैसे गहरी निद्रा से जागी। आँखों में अश्रु लिए वह बच्चे को दूध पिलाने लगी। इस घर में उस भयावह रात के बाद उसके ससुर और पति दोनों का पता न था। बहू पत्थर हो चुकी थी, लेकिन सास ने इस दुधमुँहे बच्चे का मुँह देख हिम्मत नहीं हारी थी।

‘बहुत बहादुर और निडर है मेरा सन्तु। अपने आप भी वापस आयेगा और बाप को भी सँभालेगा, देख लेना तुम सब।’

‘ऐसा ही होगा काकी। आप स्वयं इतनी बहादुर हो, तो बेटा भी तो ऐसा ही होगा।’ कमल ने माहौल हल्का करने का प्रयास किया, जिससे बहू के चेहरे पर थोड़ी मुस्कान आ सके, लेकिन वह वैसी ही पत्थर बनी रही।

अड़तीस

कमल कुछ स्कूलों में भी गया, कई इमारतें मलबे के ढेर में तब्दील हो चुकी थीं तो कुछ रेत के ढेर में समा चुकी थीं।

स्कूल खुले कुछ दिन हो चुके थे, लेकिन विद्यार्थियों की संख्या बहुत कम थी।

'न जाने बच्चों के घरों की क्या स्थिति है। घर में सब लोग सलामत भी हैं या नहीं, और जिस तरह से मलबा घरों के अन्दर घुसा है, वहाँ तो घर का सारा सामान भी ख़राब हो गया होगा। न पहनने को कपड़े न पढ़ने-लिखने के लिए किताबें।' एक स्कूल के टीचर ने बताया।

'लेकिन स्कूलों की स्थिति भी तो ख़राब है, पढ़ायेंगे कहाँ?' कमल ने प्रश्न किया।

'आपकी बात भी ठीक है, गर्मियों का मौसम होता तो बाहर मैदान में भी पढ़ा लेते, लेकिन अभी तो बरसात है और फिर कड़कड़ाती सर्दी।' टीचर ने अपनी मुश्किल बतायी।

'आपका कहना है कि यदि आपके स्कूल के कमरे ठीक हो जायें और बच्चों को कॉपी-किताबें उपलब्ध करा दी जायें तो बच्चे पढ़ने आयेंगे?' कमल ने प्रश्न किया।

'हाँ सम्भव तो है, कुछ कॉलेज के विद्यार्थियों और प्रवासी लोगों ने यह काम आरम्भ भी कर दिया है, वे इन बच्चों के लिए सामग्री एकत्र कर रहे हैं।' पास खड़े दूसरे अध्यापक ने बताया।

'जो लोग दुनिया छोड़ गये, अब उनके लिए तो कुछ नहीं किया जा सकता, लेकिन जो बचे हैं उन्हें कई मामलों में सहायता की आवश्यकता है।' ग्रुप के एक सदस्य ने कहा।

'हाँ आप ठीक कह रहे हैं। मुझे लगता है हमें बच्चों की ओर अधिक ध्यान देना चाहिए, क्यों न हम स्कूलों की मरम्मत या दोबारा निर्माण कर उन्हें पढ़ने लायक बना दें व किसी काउंसलर को नियुक्त कर बच्चों को स्कूल आने के लिए प्रेरित करें।' दूसरे सदस्य का सुझाव था।

'हाँ, यह ठीक रहेगा।'

सबकी समझ में यह बात आयी।

दो-चार दिन में ही स्थानीय लोगों के सहयोग से टीम बन गयी, सर्वे का काम हुआ और कार्यनीति बन गयी।

कमल का जीवन के नये रंगों से सामना हुआ, कुछ आशावादी लोग, जिन्हें यकीन था कि उनके अपने लौट आयेंगे, कुछ घोर निराशावादी जिन्हें लगता था जीवन समाप्त हो गया।

कुछ घरों में रोटी कमाने वाले का ही अता-पता न था। पता नहीं जीवित भी थे या नहीं।

'ईश्वर न करे यदि उन्हें कुछ हो गया तो इन परिवारों का क्या होगा? इन्सान के जीवन में कितने भी दुःख क्यों न हों, जीवित रहे तो पेट की क्षुधा तो बुझानी ही पड़ती है। कैसे कमायेंगे ये रोटी? कैसे पालेंगे अपने दुधमुँहे बच्चों को? अधिक पढ़ी-लिखी भी नहीं जो कहीं नौकरी कर सकें, कैसे करेंगे ये लोग अपना जीवनयापन?' कमल की सोच उसे भविष्य की ओर ले जा रही थी।

'क्या कर सकती हैं ये महिलाएँ। काम भी वही ठीक होगा, जो यहाँ की परिस्थितियों के अनुकूल हो।'

और इन्हीं सब बातों को सोच कमल ने इस विषय पर भी काम करने की इच्छा रखी।

उसकी इस सोच का सभी ने समर्थन किया, लेकिन अभी तत्काल राहत की आवश्यकता महत्त्वपूर्ण थी।

अभी उसे वापस लौटना था और प्रतीक्षा करनी थी दुःखों के इस सैलाब के गुजर जाने की।

उनतालीस

अस्पताल के उस वार्ड में पत्थर बनी लक्ष्मी शून्य की ओर टकटकी लगाये लेटी थी। नर्स ने डॉक्टर को सारी स्थिति बतायी।

'जिस बात का डर था वही हुआ'–डॉक्टर अपने आप में बड़बड़ाते हुए लक्ष्मी के पास आये।

'लक्ष्मी...लक्ष्मी...।'

उसे झकझोरते हुए डॉक्टर ने पुकारा। लेकिन लक्ष्मी ने जैसे सुना ही नहीं।

'सिस्टर! यह सदमे से उबर नहीं पा रही है। इसे हर हाल में होश में लाओ और कोशिश करो कि इसकी आँखों से आँसू बहें।'

लक्ष्मी की नब्ज देखते हुए डॉक्टर ने नर्स को निर्देश दिया। कुछ देर में ही दो लोग उसे स्ट्रेचर पर लिटाकर एक कक्ष में ले गये। दरवाजे की पट्टी पर लिखा था "काउंसलिंग रूम।"

अब यही एक उपाय था, जो लक्ष्मी को इस सदमे से बाहर कर चेतना में ला सकता था। वहाँ डॉक्टर ने उसके सामने उसके परिवार के भावनात्मक पक्ष को रखना आरम्भ किया।

'लक्ष्मी उठो! देखो तुम्हारी माँ तुम्हें बुला रही है। तुम्हें मालूम है उस गहरी खाई में गिरते हुए उसने तुम्हें पुकारा था। तुमने उनकी आवाज़

सुनी थी न? तुमने उन्हें अकेला क्यों छोड़ा? कितना चीख-चिल्ला रही है तुम्हारी माँ...।' अपने ही अन्दाज़ में डॉक्टर बोलती जा रही थी...।

अन्ततः डॉक्टर की कड़ी मशक्कत के बाद लक्ष्मी की आँखों में माँ के साथ बिताये अन्तिम पल उभर ही आये। उसकी आँखों की पुतलियाँ तीव्र गति से इधर-उधर दौड़ने लगीं। जैसे ही माँ का हाथ छूटा, लक्ष्मी के मुँह से चीख निकली।

'माँऽऽऽऽऽऽऽ'

'मेरी माँ...मेरी माँ...डॉक्टर कहाँ है वह?'

फफकती लक्ष्मी की आँखों से अश्रुधारा फूट पड़ी। डॉक्टर सहित नर्सों ने चैन की साँस ली। आख़िरकार वह उसे सदमे से बाहर लाने में सफल रहे। लक्ष्मी रो-रोकर कभी डॉक्टर तो कभी नर्स से अपने परिवार के बारे में पूछती। लेकिन अब उनके पास कहने के लिए कुछ नहीं था। क्योंकि लक्ष्मी का परिवार कहाँ है, इससे तो वे भी अनभिज्ञ ही थे।

सच्चाई चाहे कितनी भी कड़वी क्यों न हो और झूठ चाहे कितना ही मीठा और आनन्ददायक क्यों न हो, उसे एक दिन सामने आना ही पड़ता है और यही लक्ष्मी के साथ भी हुआ।

'आप झूठ बोल रहे हैं मुझसे। बताइये कहाँ है मेरी माँ। इतनी कौन-सी चोट लगी है उसे कि मैं देख भी नहीं सकती।'

'मेरे अन्दर हिम्मत है सहन करने की, बताओ मुझे सच क्या है?' नर्स को चुप देखकर उसने फिर कहा।

नर्स ने सिर झुका लिया, सच कहने की हिम्मत नहीं थी और इससे ज्यादा झूठ वह कह नहीं पा रही थी।

'मेरी माँ मर गयी ना। उस दिन वह मेरे सामने मलबे में डूब गयी थी, कैसे बची वह, दूसरे दिन भी जाकर देखा था, कहीं नहीं मिली। तुम झूठ कह रहे थे मुझसे।' लक्ष्मी चिल्ला उठी।

आस-पास के लोगों की निगाह उस ओर गयी, नर्स भागकर डॉक्टर को बुला लायी।

'कोई मेरे पिताजी और भाइयों के बारे में तो बता दे। इतने दिनों में उनका भी पता नहीं चला क्या?'

लक्ष्मी उठने को होती, लेकिन पैरों पर जैसे मानो बोझ था।

'तुम्हारे पिताजी और भाइयों की तस्वीर तुम्हारे मोबाइल से लेकर हर जगह भेज दी है, जैसे ही पता लगता है...।'

'कब पता चलेगा? बहुत दिन हो गये अब। पता नहीं कहाँ हैं वो तीनों भी,' और उसका रुदन बढ़ता गया।

'क्या वह अब इस दुनिया में अकेली रह गयी है? घर गया, माँ अपने सामने मौत के मुँह में समाते देखी, पिता, भाइयों का पता नहीं। स्वयं वह चलने में भी असमर्थ है। क्या करेगी वह जी कर?' लक्ष्मी सोचती और उतना ही रोती जाती।

'क्या हुआ इसे? क्यों रो रही है इतना?' विक्रम को साथ ले कमल एक बार फिर उस अस्पताल में अपनों की तलाश में खड़ा था।

'कमल चाचा, आपने तो सब जगह ढूँढ़ा होगा चाची और बच्चों को, मेरे पिताजी और भाई भी मिले क्या?' कमल को देखते ही उसकी रुलाई एक बार फिर जोर से फूट पड़ी।

'नहीं लक्ष्मी कोई नहीं मिला; न मेरा परिवार, न ही तुम्हारा।'

'देखा, क्या कह रहे हैं कमल चाचा? तुम लोग इतने दिनों से मुझे बेवकूफ बना रहे थे,' और उसका रुदन तीव्रतर होता गया।

'मैं खोज रहा हूँ सबको, तू चिन्ता मत कर, इस विक्रम को देख, इसके माँ-पिता भी नहीं मिल रहे। इसने हार मानी क्या? तू भी हिम्मत रख।' कमल ने समझाया।

लक्ष्मी को वह व्यक्ति दिलासा दे रहा था, जो स्वयं अन्दर से टूटा हुआ था। हर जगह की खाक छानने के बाद भी उसके परिवार का कहीं अता-पता नहीं था, लेकिन यही चल रहा था आजकल। स्वयं के दुःखों में डूबा व्यक्ति दूसरे दुःखी को ढाढस बँधाता, तो कभी दोनों गले मिल एक-दूसरे को सान्त्वना देते, आँसू बहाते और अपना गम हल्का करते।

विक्रम को वह व्यक्ति इस समय देवता स्वरूप लग रहा था। भटकते हुए परेशान विक्रम को वह अपने साथ ले आया था और उसके माता-पिता को ढूँढ़ने में उसकी मदद भी कर रहा था साथ ही दूसरी ओर परेशान लक्ष्मी को भी सान्त्वना दे रहा था, जबकि स्वयं की पीड़ा का औरों को अन्दाज़ा भी नहीं लगने देता।

चालीस

कमल अपनी स्वयं की जमापूँजी इन कुछ दिनों में ही काफ़ी कुछ खर्च कर चुका था। कभी प्राइवेट हेलीकॉप्टर का किराया, तो कभी गाड़ी लेकर जगह-जगह जाकर परिवार की तलाश में।

'मेरे दो होटल ऐसे समाप्त हुए हैं कि लगता ही नहीं वहाँ कभी कुछ था भी। चलो जाने दो लेकिन मेरे माता-पिता, पत्नी और बच्चे, ये मिल जाते तो मैं इस ज़हर को तो आसानी से पी लेता, आदमी ज़िन्दा रहे तो कमा लेता है, कुछ दिन की परेशानी होती है बस।' उसने विक्रम को बताया था।

'यही स्थिति मेरी भी है भाईसाहब, देहरादून कोचिंग करने गया था, माँ-पिताजी ने बहुत बुरे दिन देखे। मेरा सपना है उन्हें एक अच्छी सम्मानजनक ज़िन्दगी देना, लेकिन वह मिलें तो...।' विक्रम ने कमल को अपना दर्द बताया था।

'अब तो आगे पढ़ने का भी मन नहीं करता।'

'मुझे पता नहीं क्यों लगता है कि बहुत से लोग जो गायब हैं, वह अपनों को खोज रहे हैं। सुध-बुध खो बैठे हैं। उन्हें कुछ याद नहीं, देखना धीरे-धीरे लोग मिल जायेंगे।' कमल का यही विश्वास उसकी यही आशावादी सोच विक्रम को बहुत अच्छी लगी।

'अब यहाँ अस्पताल में लक्ष्मी को देखा तो मन भर आया। ईश्वर न करे, यदि इसके परिवार में किसी का पता न चला तो कहाँ जायेगी यह लड़की, छोटी ही तो है अभी।' वह सिहर उठा।

इतने दिनों से भटकते हुए बहुत लोगों से मिला था वह। बहुत लोगों के दर्द महसूस किये थे उसने। कभी-कभी उनसे मिलकर अपना दर्द कम लगता, लेकिन फिर जब अपने माता-पिता का बीता कल याद आता तो मन भारी हो जाता।

विक्रम जितना चिन्तित अपने माँ-पिता के लिए था, उतना ही चिन्तित लक्ष्मी के परिवार के लिए भी। कई बार उसे लगने लगता कि अब जीवन बेकार हो चला है। जीवन को समाप्त करने की इच्छा उसके मन-मस्तिष्क में बलवती हो उठती, किन्तु लक्ष्मी का ख्याल आते ही वह फिर से सामान्य हो जाता, लक्ष्मी भी तो है, जिसके सब बिछड़े हुए हैं। वह भी तो उनके मिलने की आशा लगाये बैठी है।

कमल ने देहरादून आकर एक बार फिर उस वीडियो को खँगालना शुरू किया जिसमें उसने अपनी माँ और बेटे को देखा था। दिनभर की मशक्कत के बाद पता चला कि वह वीडियो एस.एस.बी. हेलीपैड श्रीनगर का था। अब कमल ने श्रीनगर जाने की ठान ली।

अगले दिन वह श्रीनगर जाने से पहले पिताजी और लक्ष्मी से मिलने गया।

विक्रम को लेकर जौलीग्रांट अस्पताल पहुँचा। वहाँ अपने पिता और चाचा दोनों को आपस में एक-दूसरे का साथ देते देख उसकी आँखें नम हो गयीं। पिताजी अब धीरे-धीरे बात कर पा रहे थे।

'तेरी माँ कहाँ है?' इशारों में पूछा पिताजी ने।

'वो भी अस्पताल में है। ठीक है आप चिन्ता मत करो।'

झूठ बोल गया था कमल पर इसके सिवाय और कोई चारा नहीं था। उसकी छोटी दीदी पिताजी और चाचा की सेवा में लगी थी।

इसलिए कमल निश्चिन्त होकर वहाँ से चल दिया। माँ, पत्नी और रुद्र की ढूँढ़ में। विक्रम ने कमल से कहा कि एक बार वह ऋषिकेश के अन्य शिविरों, धर्मशालाओं में माँ-पिताजी को ढूँढ़ना चाहता है

और दो दिन बाद लक्ष्मी के पास मिलने की बात कहकर वह वहाँ से चल दिया।

कुछ दिनों तक जगह–जगह भटकने के बाद जब उसे माँ–पिता और लक्ष्मी के परिवार वालों का कोई भी सूत्र नहीं मिला तो वह हताश हो बैठा।

इन्सान जब चारों ओर से हताश होता है तो फिर दिल पर निराशा हावी हो जाती है। यह निराशा ही मस्तिष्क के सोचने–समझने की शक्ति को ख़त्म कर देती है। फिर अवसाद का एक ऐसा दौर शुरू होता है, जिसमें व्यक्ति कुछ भी कर गुजरने के लिए तैयार रहता है।

जाने से पहले कमल यूँ ही अस्पताल के सारे वार्डों में लोगों की कुशलक्षेम पूछने लगा। मन में एक आस थी कि क्या पता कोई अपना मिल जाये। तीसरी मंजिल के गलियारे में घूमते हुए अचानक कमल के पैर ठिठक गये। वार्ड 327 में उसने बेंच पर दो मासूमों को देखा। सोनू... कहते हुए वह तेज़ी से उन बच्चों के पास पहुँचा। बेड पर देखा तो लक्ष्मी के पिता लेटे थे। उसके दोनों भाई पास ही बैठे थे।

'भैजी आप यहाँ?' कमल ने आश्चर्यजनक ढंग से पूछा।

'हाँ भुला! पिछले एक माह से यहीं हूँ। केदारबाबा का आशीर्वाद है कि हम तीनों बच गये। घर में लक्ष्मी और उसकी माँ की चिन्ता सता रही है।' धाराप्रवाह बोले जा रहे थे लक्ष्मी के पिता। माँ का तो नहीं पर लक्ष्मी के बारे में बता देता हूँ इन्हें–कमल मन में ही बोला।

'भैजी लेकिन आप यहाँ कैसे आये?' अगला प्रश्न किया कमल ने।

'क्या बताऊँ भुला...बस पूछ मत...वो दिन याद करके कलेजा आज भी मुँह को आता है। रोज की तरह उस दिन भी हमने दुकान लगानी शुरू की, भारी बारिश के कारण मन्दिर के पास ही दुकान लगायी। कुछ देर ही हुई थी कि भयानक आवाज़ के साथ मन्दिर के दोनों ओर से पानी का रैला आया। मैं दोनों बेटों का हाथ पकड़कर मन्दिर के गर्भगृह में घुस गया वहाँ लोगों की भीड़ ठसाठस भर गयी थी। जान बचाने की जद्दोजहद में लोग धक्का–मुक्की करने लगे। काफ़ी देर तक लोगों के पैरों तले दबने के बाद भी मैं होश में था। फिर क्या हुआ मुझे मालूम नहीं। जब आँख खुली तो अपने आप को यहाँ पाया। पैरों में फ्रैक्चर बता रहे

हैं डॉक्टर, बेटों ने बताया कि हेलीकॉप्टर से हमें तीसरे दिन यहाँ लाया गया। कमल उनकी बातें ध्यान से सुन रहा था और मन में सोच रहा था कि काश कुछ ऐसा ही चमत्कार उसके साथ भी हो जाता।

'भैजी! आप परेशान न हों, सब जल्दी ठीक हो जायेगा। आपकी बेटी भी इसी अस्पताल में है। पहले से ठीक है। ये खुशख़बरी मैं उसे भी दे आता हूँ।' कहते हुए कमल वहाँ से निकल गया।

इकतालीस

अस्पताल के स्टाफ में जैसे आपाधापी मची हो, हर कोई इधर-उधर भागकर पागलों की तरह उस मरीज को तलाश कर रहा था, करीब तीन घण्टे गुजर गये थे, किन्तु मरीज अपनी चारपाई पर नहीं लौटा था।

'सिस्टर बेड नं. पाँच वाली वह लड़की बाहर गयी है।' बगल वाले मरीज के रिश्तेदार ने सबसे पहले नर्स को बतलाया था।

'कितनी देर हो गयी।' पूछा था नर्स ने।

'जी, करीब बीस मिनट।'

'घूम रही होगी लॉबी में।' नर्स ने सोचा और फिर अपने काम में लग गयी।

आधा घण्टा गुजर जाने के पश्चात भी जब वह नहीं लौटी, तो नर्स को कुछ चिन्ता हुई। वह बाहर लॉबी में आकर उसे ढूँढ़ने लगी। काफ़ी दिनों से वहाँ भर्ती मरीज अक्सर सुबह-शाम लॉबी में घूमने आ जाते थे।

कुछ मरीजों को तो डाक्टर ही बेड छोड़कर बाहर घूमने की सलाह देते क्योंकि मरीज अपने तीमारदारों के सहारे रहने लगते हैं। यहाँ पर अक्सर चोटिल मरीज ही भर्ती हैं, किसी का हाथ टूटा है तो किसी का पैर। किसी के सिर पर जख्म है तो किसी की छाती या पीठ पर।

जल प्रलय के पश्चात जीवित लोगों में सभी किसी-न-किसी रूप में चोटिल हैं। स्वास्थ्य लाभ के लिए मरीज सुबह-शाम टहलने निकलते हैं।

अस्पताल का स्टाफ भी इस बात से वाकिफ है इसलिए मरीज का बेड पर न मिलना सामान्य सी बात है। एक-डेढ़ घण्टे बाद मरीज खुद ही घूम-फिरकर अपने बेड पर आ जाते हैं।

किन्तु इस मरीज के मामले में यह सामान्य बात नहीं है। उसके दोनों पैरों में चोट थी, जिसका इलाज पिछले दो महीनों से यहाँ पर चल रहा था, काफ़ी हद तक वह ठीक भी हो गयी थी, अपने पैरों के सहारे चलने लायक, किन्तु शारीरिक रूप से काफ़ी कुछ ठीक होने के बावजूद भी वह मानसिक रूप से ठीक नहीं थी।

मन-मस्तिष्क पर आघात लगने के कारण एक तरह से वह अर्धविक्षिप्त जैसी अवस्था में थी। डॉक्टर इस बात को कई दिनों से नोट कर रहे थे कि वह कभी-कभी बहकी-बहकी बातें करती, तो कभी-कभी एकदम खामोश-सी रहती, जैसे कि कुछ हुआ ही न हो।

आपदा की रात अपनी माँ से बिछड़ने और पिता तथा दोनों भाइयों के लापता होने की घटना उसके कोमल हृदय में कहीं गहरे तक पैठ गयी थी। कई-कई बार वह माँ से बिछड़ने के दृश्य को याद कर चीख उठती थी और कई बार उस घटना की भयावहता उसके मासूम चेहरे को विकृत कर देती। उसे सामान्य करने के लिए डॉक्टरों को कई बार नींद के इंजेक्शन भी देने पड़ते।

डॉक्टर कहते हैं, ऐसा होता है किसी-किसी के साथ। हादसे से उबर पाना कई बार कठिन होता है। हादसे का खौफ और अपनों से बिछड़ने का दुःख किसी भी इन्सान को पागल कर देने के लिए काफ़ी होता है। फिर यह तो मासूम लड़की ही है, वह भी मात्र सोलह-सत्रह साल की। न तो ये बच्ची है जो कि सब कुछ भूल जाय और न ही इतनी परिपक्व कि सबकुछ बर्दाश्त कर सके।

उसके बारे में नर्स की चिन्ता स्वाभाविक ही थी। लॉबी में उसे ढूँढ़ने के पश्चात वह फिर वार्ड के अन्दर चली आयी। एक-दूसरे को पूछा किसी ने देखा है उसे, लेकिन कोई बता नहीं पाया सही-सही। हालाँकि बेड से उठकर बाहर जाते हुए उसे कइयों ने देखा। लेकिन इसे सामान्य बात समझकर भूल गये। हाँ उसकी हालत को देखते हुए बगल

वाले मरीज के परिजनों को कुछ चिन्ता हुई थी, सो उन्होंने उसके जाने के पन्द्रह-बीस मिनट बाद ही नर्स को बता दिया था।

'सर बेड नं. पाँच अपने बेड पर नहीं है।' घबरायी हुई नर्स डॉक्टर के सामने खड़ी थी।

'क्या...लक्ष्मी?' डॉक्टर जैसे उछल पड़ा कुर्सी से।

'जी! मैं सब जगह ढूँढ़ आयी, लेकिन वह मिली नहीं।' नर्स ने बताया।

'तुम कहाँ थीं, क्यों छोड़ा उसे। नज़र क्यों नहीं रखी उस पर।' लगभग चीख पड़ा था डॉक्टर।

और फिर जैसे अफरा-तफरी का माहौल हो गया अस्पताल में। अपने सारे काम छोड़कर सारा स्टाफ ही उसकी ढूँढ़ में लग गया। अस्पताल का चप्पा-चप्पा ढूँढ़ मारा, लेकिन वह कहीं नज़र नहीं आयी। अस्पताल से बाहर चारों तरफ़ को जाते रास्तों पर भी कुछ दूर तक कर्मचारी उसे ढूँढ़ने निकले, लेकिन उसका पता नहीं लगा।

उसका हुलिया बता-बता कर लोगों से पूछताछ भी की, लेकिन कोई कुछ बतला नहीं पाया।

पूरे तीन घण्टे गुजर गये थे अब तो। डॉक्टरों को चिन्ता थी कि वह कहीं कुछ कर न ले। मानसिक स्थिति ठीक न होने के कारण वह कोई गलत क़दम भी उठा सकती थी या फिर अर्धविक्षिप्तता की स्थिति में किसी वाहन या ट्रक आदि के नीचे भी आ सकती थी।

थक-हारकर डॉक्टरों ने पुलिस को सूचित कर दिया। पुलिस आयी, उसके बारे में सामान्य जानकारी– पहनावा, हुलिया आदि पूछकर चली गयी।

बयालीस

'इस बेड पर जो लड़की थी वह कहाँ गयी।' बेड नं. पाँच पर किसी और मरीज को देखकर कमल ने बगल में खड़ी नर्स से पूछा।

'सर वह...?' कुछ बता नहीं पायी नर्स।

'क्या? वह क्या..., कहाँ है वह?' एक अनजानी आशंका से नर्स को झकझोर दिया कमल ने। इतनी जोर से झकझोरा कि नर्स के हाथ में पकड़ी हुई दवाइयों की ट्रे टन्न से फर्श पर गिर पड़ी, उसमें रखे हुए दवाइयों के पत्ते और इंजेक्शन की शीशियाँ फर्श पर बिखर गयीं।

'क्या हो गया उसे?' फिर से पूछा कमल ने।

लेकिन नर्स का उत्तर सुनने के लिए उसका दिल-दिमाग और कान भी तैयार न थे। कहीं नर्स यह न बता दे कि वह अब इस दुनिया में नहीं रही।

'नहीं-नहीं ऐसा नहीं हो सकता। भगवान इतना निर्दयी नहीं हो सकता।' अपने आप में ही बड़बड़ाया कमल ।

'सर, आज सुबह वह अस्पताल से अचानक कहीं चली गयी। हमने उसे बहुत ढूँढ़ा किन्तु वह मिली नहीं, पुलिस में रिपोर्ट भी लिखवा दी है।' घबरायी हुई नर्स टेपरिकॉर्डर की तरह बोलती चली गयी। 'ओह!' राहत की साँस ली कमल ने। अच्छा हुआ उसे कुछ बुरा सुनने को नहीं मिला।

'किधर गयी होगी? कहाँ जा सकती है वह? वह तो अपने चेतन में थी ही नहीं? उसका तो कोई अपना भी नहीं है इस जगह?' कई सवाल एक साथ पूछ बैठा कमल! किन्तु उत्तर सुनने की प्रतीक्षा नहीं की उसने और तेज़ी से बाहर निकल गया।

उसे चिन्ता थी कि उसके साथ कुछ भी बुरा हो सकता है। एक अकेली लड़की, वह भी मानसिक रूप से अचेतन और अर्धविक्षिप्त-सी। न जाने कहाँ भटक रही होगी।

'आप लोगों की कोई ज़िम्मेदारी भी है मरीजों के प्रति कि नहीं, कोई सुरक्षा व्यवस्था भी है यहाँ मरीजों के लिए? कहाँ गयी वह लड़की पाँच नं. बेड वाली? जब जानते थे कि उसकी हालत ठीक नहीं थी तो क्यों छोड़ा उसे अकेले?'

गैलरी में सामने पड़ते ही वह उसी डॉक्टर पर भड़क उठा जो उसका इलाज कर रहा था।

डॉक्टर हतप्रभ, हक्का-बक्का।

कुछ कहते न बना डॉक्टर से। 'सारी सर...?' सिर्फ़ इतना ही बोल पाया। मालूम था कि कुछ तर्क-कुतर्क करता तो शिकायत दूसरे क्षण ही शासन के पास जाती। एक तो आपदा का संवेदनशील समय, ऊपर से घायल मरीज का अस्पताल से लापता हो जाना, नौकरी जानी तय थी। इसलिए सबसे अच्छा वाक्य इस समय यही था-'सॉरी...।'

लेकिन कमल कुछ और कहने से पूर्व तेज़ी से गलियारा पार करते हुए बाहर निकल गया। डॉक्टर ने राहत की साँस ली, जैसे कोई बहुत बड़ी अनहोनी होने से टल गयी हो।

तैंतालीस

'अब क्या करूँ? कहाँ ढूँढूँ उन्हें, वे ज़िन्दा भी होंगे या नहीं।'

सोच-सोचकर विक्रम के मन-मस्तिष्क पर अब हताशा कहीं गहरे तक उतरने लगी थी, अब उसे माँ-पिता के ज़िन्दा होने की उम्मीद लगभग समाप्त ही हो गयी थी, लेकिन दिल था कि इस बात को मान ही नहीं रहा था और दिमाग कहता कि ज़िन्दा होते तो कहीं-न-कहीं तो मिलते, कुछ सूत्र तो मिलता उनके ज़िन्दा होने का।

दिल और दिमाग की जंग अब तेज़ हो गयी थी, विचारों की इस उथल-पुथल को बर्दाश्त नहीं कर पा रहा था विक्रम।

'नहीं-नहीं, उन्हें कुछ नहीं हो सकता, एक दिन वे ज़रूर तुझको मिल जायेंगे।' दिल कहता।

'लेकिन कब मिलेंगे? मिलेंगे तो तब जब जीवित होंगे। हज़ारों लोग मर गये, हज़ारों लोग लापता हो गये, जिनके मृत शरीर तक का पता नहीं चल पाया।' दिमाग तर्क देता।

'लेकिन मेरे माता-पिता ने बहुत संघर्ष झेला है। भगवान केदारनाथ उनके साथ ऐसा नहीं कर सकता।' दिल कहता।

'तो जो मरे हैं या लापता हैं उन्होंने जीवन में कुछ नहीं झेला? वे सब ऐसे ही पले-बढ़े थे बिना कामकाज के, बिना संघर्षों के?' दिमाग फिर अपनी बात रखता।

'मेरे माता-पिता बड़े कर्मठ और जीवट वाले हैं वह किसी भी विपत्ति का सामना कर सकते हैं। देखना वे कहीं-न-कहीं ज़रूर मुझे ढूँढ़ रहे होंगे।' दिल था जो दिमाग की बात मानने को तैयार नहीं था।

दिल और दिमाग की इस जंग के बीच चले जा रहा था विक्रम। कभी-कभी दिमाग दिल पर हावी होने लगता तो भगवान केदार पर अटूट आस्था उसे दिल की ही सुनने की सलाह देती, जिससे वह काफ़ी मानसिक शक्ति का अनुभव प्राप्त कर लेता था। मालूम नहीं था कि जाना कहाँ है। कोई लक्ष्य नहीं, कोई उद्देश्य नहीं। और माँ-पिता को ढूँढ़ने का कोई उत्साह भी अब नहीं।

उत्साह हो भी तो भला कैसे? वह तो धीरे-धीरे ठण्डा होता चला गया इतने दिनों में। अब तो उत्साह की जगह हताशा आने लगी थी।

हाँ, हताशा! चारों तरफ़ से कोई उम्मीद उसे नहीं दिख रही थी, राहत शिविरों में अभी भी लोग पड़े हुए थे, अनेक प्रदेशों से आये हुए लोग अपने परिजनों को ढूँढ़ रहे थे, कुछ को अपने परिजन मिल जाते तो कुछ को नहीं।

यह सिर्फ़ विक्रम के साथ ही तो नहीं हुआ था। हज़ारों लोग भटक रहे हैं उसके जैसे, लेकिन सबके अपने तो नहीं मिल पा रहे थे न, विक्रम कुछ अलग था हज़ारों लोगों में, माँ-पिता के प्रति उसकी अगाध श्रद्धा और स्नेह उसे इस घड़ी तड़पा रही थी।

कैसे-कैसे कष्ट झेलते हुए उसे आगे बढ़ाते रहे माँ-पिता! क्या-क्या सपने थे उनके दिल में विक्रम के प्रति, बेटा एक दिन बड़ा अफ़सर बनेगा, सिर्फ़ यही सोच-सोच कर वे पुलकित हुआ करते थे।

और विक्रम! वह तो माता-पिता को हर तरह से एक सुखी संसार देने के लिए दिन-रात खप रहा था। संघर्ष का कठिन दौर भी तो पार कर चुका था वह। आगे एक साल की ट्रेनिंग ही तो है उसकी। फिर तो बड़ा ऑफ़िसर बनकर माता-पिता को एक नया संसार देना था उसने। उनके आजीवन परिश्रम और संघर्षों का हिसाब चुकता करना था।

गुजर जाता एक साल भी यूँ ही। बस अपने सपनों के आख़िरी पायदान के नजदीक था वह। फिर सब कुछ सुखद था आगे। पीछे छूट जाते सारे संघर्ष और मुसीबतें। सुख-चैन और आराम की ज़िन्दगी देता वह उन्हें।

'माँ तुम दिन-रात क्यों इतनी खपती रहती हो, कभी कुछ आराम भी कर लिया करो।'

माँ को चौबीसों घण्टे काम पर लगा देख वह सह न पाता।

'बस अब पूरी ज़िन्दगी आराम करने का समय आने वाला है। तेरी नौकरी लग जाय, फिर तेरे लिए सुन्दर-सी बहू लाऊँगी और बैठकर बहू से सेवा करवाऊँगी। फिर क्या करना मुझे।' माँ के चेहरे पर चमक आ जाती।

और पिता? उन्होंने तो कभी अपने आप को व्यक्त ही नहीं किया। दिन-रात की मेहनत के बावजूद उन्होंने कभी उफ तक नहीं की।

विचारों की उधेड़बुन में वह कब नदी के किनारे एक ऊँचे टीले पर पहुँच गया उसे मालूम ही नहीं पड़ा, मालूम तब पड़ा जब उसे टीले पर उभरे एक नुकीले पत्थर से ठोकर लगी।

विचारों की तन्द्रा टूटी, तो सामने उमड़-घुमड़ करती गंगा नदी का भयावह रूप उसे अन्दर तक हिला गया।

चौवालीस

'कभी कुछ नहीं बिगाड़ा था मेरे माता-पिता और भाइयों ने किसी का भी। हमेशा लोगों की मदद के लिए हाथ बढ़ाते रहे। पिछले बीस वर्षों से भगवान केदारनाथ की सेवा कर रहे थे। फिर यह अन्याय क्यों किया उनके साथ?' कई प्रश्नों से जूझती लक्ष्मी बदहवास-सी चली जा रही थी।

चाल इतनी तेज़ कि मानो कहीं जाने की बड़ी जल्दी हो, जाना कहाँ है उसे, यह खुद भी मालूम नहीं।

मालूम सिर्फ़ इतना है कि वह उस अस्पताल से निकल आयी है जहाँ वह दो माह से क़ैदी की तरह रह रही थी। अच्छा हुआ, उसे मौका मिल गया आज मुक्त होने का। वर्ना वहाँ रहते-रहते न जाने उसका क्या हाल हो जाता। डॉक्टर-नर्स जब देखो तब आ धमकते हैं–

'अब कैसी तबीयत है तुम्हारी?' बस एक ही सवाल? आख़िर हुआ क्या है तबीयत को, ठीक-ठाक तो है वह।

जबरन बेड पर लिटाकर कभी इस हाथ में सूई घोंप देते हैं तो कभी उस हाथ में। 'अरे मुझे कुछ नहीं हुआ, मुझे नहीं रहना यहाँ, मुझे तो अपने पिता और भाइयों को ढूँढ़ना है अपनी माँ को देखना है।' कितनी बार उनसे कहा, लेकिन सुनने को कोई राज़ी नहीं, न ही बताने को कोई तैयार। कहते हैं तुम्हारी माँ इसी अस्पताल में भर्ती है, लेकिन कितनी बार कहा कि माँ से मिलवा दो, लेकिन सब टाल जाते हैं।

माँ ज़िन्दा होती तो मिलवाते न? लेकिन सब-के-सब धोखा दे रहे थे मुझे। अच्छा हुआ निजात मिल गयी आज उनसे। फिर दूसरे ही पल ख़ुद से सवाल करती है, 'हाँ उनसे निजात तो मिल गयी, लेकिन जाऊँगी कहाँ?' गाँव से सैकड़ों किलोमीटर दूर न जाने कौन-सी जगह होगी यह, वह तो जानती भी नहीं यहाँ किसी को। फिर जवाब भी देती ख़ुद को।

जानती भी होती तो क्या करती, किसी के पास जाकर। किसलिए जाती, उसे तो अपने माँ-पिता और भाइयों के अलावा कुछ नहीं चाहिए था, जो अब थे नहीं, होते तो आते इन दो महीनों में एक-न-एक दिन मिलने।

अब क्या करेगी वह इस दुनिया में अकेली रहकर, किसके लिए जियेगी वह?

'तू पढ़-लिख जा, फिर तेरे लिए एक सुन्दर-सा राजकुमार ढूँढ़ूँगी एक दिन, जो तुझे हमेशा ख़ुश रखेगा।' माँ के बोल याद हो आये उसे।

'नहीं माँ, मुझे नहीं करनी शादी। मुझे तो पढ़-लिखकर डॉक्टर बनना है। गरीबों और दीन-दुखियों की सेवा करनी है।' यही जवाब होता लक्ष्मी का। डॉक्टरी! फिर यकायक उसे अस्पताल की याद हो आयी। कितनी भोली थी वह, जो डॉक्टर बनने का सपना पाले हुई थी, यह डॉक्टर तो बहुत ही गन्दे होते हैं, निर्दयी, एकदम काठ के जैसे आदमी, जिनको दया नहीं आती मरीज पर। मेरे कितने कहने पर भी मुझे कभी अस्पताल से बाहर नहीं जाने दिया।

आज अस्पताल से बाहर तो वह आ गयी, किन्तु जायेगी कहाँ? क्या करेगी? और किन सपनों के लिए जियेगी?

'नहीं, उसे जीना नहीं है अब, सबकुछ उजड़ गया है उसका, अब क्या करेगी जीकर।'

दाँत भिंच गये उसके, मुँह टेढ़ा-सा हो गया, जैसे कुनैन की गोली आ गयी हो मुँह के भीतर, आँखें सुर्ख हो आयीं।

'माँ! पिताजी! बबलू! सोनू! जोर से चीख उठी वह। दूर चट्टानों पर टकराकर उसकी आवाज़ लौटकर उसी के कानों में पड़ी तो जैसे वह सपने से जाग उठी।

पैंतालीस

आदमी जब हताश होता है, तो उसके सामने कोई विकल्प नहीं होता, यह कमल अच्छी तरह समझता था। और लक्ष्मी की मानसिक स्थिति तो उसे अच्छी तरह मालूम थी कि वह ऐसे समय में क्या करेगी। उसे इस समय सहारे की ज़रूरत है। प्यार और संवेदना ही इस समय उसके मर्ज की दवाई है। डॉक्टरी इलाज से उसे कोई खास फर्क पड़ने वाला नहीं था। उसे ज़रूरत थी इस समय, जो उसे सहारा दे, जो उसे ढाढस बधाये और उसके जख्मों पर मरहम लगाये।

सिर्फ़ यही नहीं, उसमें आत्मविश्वास और सकारात्मक विचारों का समावेश करना ज़रूरी था। ऐसा दो ही लोग कर सकते हैं, एक तो मनोचिकित्सक, जो उसकी काउंसिलिंग कर सकें या फिर दूसरा उसका अपना कोई सगा।

लेकिन उसका अपना तो सगा कोई बचा ही नहीं। माँ-पिता, भाई लोग...किसी का भी कोई पता नहीं।

दिमाग पर जोर देकर कमल को याद आया, हाँ विक्रम! वही इस समय लक्ष्मी का सहायक हो सकता है।

उसके थके, हताश चेहरे और मलिन हो चुके मुखमण्डल पर आभा की सस्मित किरणें दौड़ने लगीं।

हाँ एक बात और नोट की थी उसने। लक्ष्मी के प्रति उसकी आँखों में तैरती स्नेह की रश्मियों को परख लिया था उसने।

हाँ विक्रम! वह इस समय सहायक हो सकता है लक्ष्मी के लिए। लेकिन वह तो खुद भी दुखियारा है। उसके माँ-पिता का भी तो कहीं पता नहीं है, वह खुद ही पीड़ा से भरा हुआ है, ऐसे में वह कैसे लक्ष्मी की मदद करेगा।

कहते हैं दिल को दिल से राह होती है, दु:खी का मर्म दु:खी जाने, दोनों का ही तो दु:ख एक समान है, दोनों की पीड़ा भी लगभग एक जैसी, ऐसे में यदि दोनों को एक-दूसरे का सहारा मिल जाय तो कैसा रहेगा?

लेकिन वह विक्रम को ढूँढ़ेगा कैसे। विक्रम मिल भी गया तो लक्ष्मी कहाँ मिलेगी?

अपनी किराये की कार में वह इस समय बाज़ार के बाहरी ओर कभी इस छोर तो कभी उस छोर भटक रहा था। यह कार उसने पिछले दो माह से किराये पर ले रखी थी।

इस समय वह शहर की सड़कों पर लक्ष्मी की तलाश में इधर-उधर भटक रहा था। उसे विश्वास था कि लक्ष्मी इस समय एकान्त में ही कहीं होगी। किसी सुनसान जगह पर, किसी ऊँची पहाड़ी पर या नदी के किनारे। उसकी मन:स्थिति के हिसाब से यही जगहें उसे माफ़िक आयेंगी।

'गाड़ी रोको' कमल ने अचानक पीछे से रघुवीर के कन्धे पर एक जोर की थपकी देते हुए कहा।

जोर से ब्रेक मार दी रघुवीर ने। आज उसे कमल का व्यवहार अन्य दिनों की अपेक्षा कुछ अलग लग रहा था। उत्तेजनापूर्ण व्यवहार, जैसे कोई जल्दबाजी हो या फिर हवाई जहाज या ट्रेन छूटने वाली हो।

ऐसा होते उसने कभी नहीं देखा था। लेकिन आज बाज़ार के बाहर सुनसान सड़कों पर बिना वजह गाड़ी दौड़ाना उसकी समझ में नहीं आया।

सड़क सामने से दो मार्गों में बँट गयी थी। बायीं तरफ वाली सड़क सीधी-सपाट देहरादून के लिए जाती थी तो दायीं ओर कुछ चढ़ाई लिए हुए सड़क दोनों ओर लम्बे-लम्बे पेड़ों के झुरमुटों के मध्य नागिन की

तरह बलखाती हुई पहाड़ी की ओर चली गयी थी। शायद ये नजदीकी गाँवों को जोड़ने वाली सड़क थी।

रघुवीर ने गाड़ी के ब्रेक मार दिये। इसी दोराहे पर लकड़ी और घास-फूस का एक छप्पर डालकर ढाबे की शक्ल की एक झोपड़ी-सी बनी थी जिसमें एक व्यक्ति एवं एक बालक सामान समेट रहे थे।

'भाईसाहब!' उस व्यक्ति के पास पहुँचकर कमल उतावलेपन से बोला–'क्या तुमने इधर से कोई लड़की जाते हुए देखी?'

दुकानदार ने उसे ऐसे देखा मानो कोई अजूबा हो। 'लड़की?' उसने याद करने की कोशिश की।

'हाँ-हाँ लड़की, बाईस-तेईस साल की' कमल ने व्यग्रता से पूछा।

'हाँ-हाँ गयी थी कुछ देर पहले इधर को' साथ में काम करने वाले बच्चे ने पहाड़ी की ओर जाती सड़क की तरफ इशारा कर कहा।

आगे कुछ सुने बिना कमल तेज़ी से दौड़ता हुआ फिर कार की सीट पर सवार हो गया।

'चलो...जल्दी-जल्दी चलो, ऊपर की ओर।' बस यही कहा था, कमल ने उससे । उसके बाद रघुवीर ने उधर गाड़ी दौड़ा दी, कमल ऐसे ही परेशान-सा कभी बायीं तरफ़ को उचक-उचक कर देखता तो कभी दायीं तरफ़। उसे कुछ भी समझ में नहीं आ रहा था।

'रोको रोको!, रघुवीर यहीं रोको', कमल ने रघुवीर को जल्दबाजी में गाड़ी रोकने को कहा। यहाँ से सड़क एक लम्बा मोड़ लेकर दायीं तरफ मुड़ रही थी। जबकि मोड़ से ही एक चौड़ी पगडण्डी-सी निकलकर सामने एक टीले की ओर चली गयी थी।

ब्रेक लगते ही वह तेज़ी से कार से बाहर निकला और लगभग दौड़ता हुआ टीले की ओर बढ़ने लगा।

किसी अजीब आशंका से ड्राइवर भी गाड़ी को खुली छोड़ उसके पीछे दौड़ पड़ा।

उसे मालूम नहीं था कि माजरा क्या है, किन्तु वह यह ज़रूर समझ रहा था कि स्थिति कुछ गम्भीर ज़रूर है।

छियालीस

सामने एक ऊँचा-सा टीला था और उसकी तलहटी में पत्थरों, पेड़-पौधों की टहनियों के ऊपर उछाल भरती भयानक-सी दिखती गंगा नदी, बिल्कुल श्मशान जैसा दृश्य दिख रहा था।

ओह वह कहाँ आ गयी कुछ समझ में नहीं आया उसके। क्या वह सपना देख रही है या फिर किसी दूसरे लोक में आ गयी।

दूसरे लोक में? चौंक गयी वह। कहीं वह मर तो नहीं गयी।

'मृत्यु के बाद आदमी का सिर्फ़ शरीर ख़त्म होता है, आत्मा तो अमर रहती है, वह परलोक चली जाती है और फिर दूसरा जन्म लेकर पृथ्वीलोक में आती है।' एक दिन श्रीमद्‌भागवत कथा में व्यास जी के मुँह से सुना था उसने, उसे यह बात हमेशा याद रही कि सिर्फ़ शरीर ख़त्म होता है, आत्मा नहीं।

तो क्या वह मर गयी है। शरीर ख़त्म हो गया है उसका। इस समय केवल आत्मा है वह। विक्षिप्त जैसी हो गयी थी वह। समझ में नहीं आ रहा था उसके कुछ भी। कभी वह बहकी-बहकी बातें करने लगती तो कभी दार्शनिक अन्दाज़ पर उतर आती। जीवन को शरीर और आत्मा के रूप में विश्लेषित करने लगती। शायद वह मरकर आत्मा के रूप में किसी अन्य लोक में आ पहुँची है। वरना यह लोक तो ऐसा निष्ठुर व विनाशकारी नहीं हो सकता, हर तरफ़ नदी के भीषण प्रवाह से झिंझोड़े

हुए पेड़-पौधे, चारों ओर दरकी हुई चट्टानें, फैला हुआ दलदल और मलबा। शायद पृथ्वी तो नहीं है यह, ऐसी तो नहीं होती थी पृथ्वी। उस पर तो हरियाली, लहलहाते खेत-खलिहान, कल-कल करती नदी, खिलखिलाते फूल और उन पर गुंजन करते भौंरे होते हैं। ऐसा रूप तो आज तक उसने कभी सपने में भी नहीं देखा था।

'हे भगवान, मैं पागल हो गयी हूँ क्या?' अपने आप से उसने सवाल किया।

'पागल? मैंने तो सुना था कि पागल के अन्दर सोच और समझ नहीं होती तो फिर मुझे तो सबकुछ समझ आ रहा है।' जवाब भी खुद ही दिया उसने।

'हाँ, इसका मतलब है मर गयी है वह। आत्मा है यह उसकी, जो सोच-समझ रही है।'

कुछ समझ में नहीं आया उसके, वह मन की इस उधेड़बुन में ही उलझती जा रही थी। एक बार उसने दोनों हाथों से अपना चेहरा टटोला और फिर सिर पर हाथ घुमाकर देखा, फिर तेज़ी से दोनों हाथों को एक-दूसरे से छूकर देखा, अन्त में कमर, जाँघों और फिर घुटनों के नीचे तक हाथ फेरकर देखा।

ओह यह तो शरीर है, हाँ शरीर है, यह छूने से महसूस हो रहा है कि मेरे पास शरीर है, झुके-झुके ही उसने अपने पैर में जोर से चिकोटी काट ली।

'आह...' एक लम्बी चीख निकल गयी उसकी, दर्द की एक तीखी लहर पाँव से होती हुई सिर तक जा पहुँची। वही जख्मी पैर था उसका जिस पर उसने अनजाने में ही चिकोटी काट ली थी, इसका पता लगाने के लिए कि यदि उसके पास शरीर है तो शरीर में दर्द भी होगा।

अब उसे विश्वास हो गया कि वह ज़िन्दा है, लेकिन क्यों ज़िन्दा है? इसका दु:ख उसकी आँखों से होते हुए अश्रुओं के रूप में ढुलकने लगा।

काश, मर जाती उसी रात वह भी, जिस रात माँ का हाथ छूटा था उससे। क्यों ज़िन्दा रही वह? पिता, भाई कोई भी नहीं रहे उसके सिवा। क्या करेगी वह इस जीवन का? अब उसके जीवन में केवल हताशा और

निराशा के अलावा क्या बचा है! कोई अपना नहीं रहा, दुनिया जैसे पूरी उजड़ गयी है उसकी। किसके लिए जीना है उसे अब।

एक क्षण के लिए उसके मस्तिष्क में विक्रम का खयाल आया, विक्रम ही तो था, जिसे वह अपना समझती थी, लेकिन अब विक्रम भी क्या सहारा देगा उसे? वह ख़ुद ही दु:खी है। उसके भी तो सपने टूट गये, वह भी तो अकेला पड़ गया है।

नहीं-नहीं, अभिशाप हो गया यह जीवन और उसकी मुट्ठियाँ अचानक भिंच गयीं। आँखों में लाल डोरे तन गये 'नहीं जीना मुझे, एक पल भी नहीं जीना।'

और वह तेज़ी से दौड़ती हुई उस टीलेनुमा चट्टान के आख़िरी सिरे तक पहुँच गयी जहाँ से नीचे गहरी खाई में मन्दाकिनी गर्जन-तर्जन के साथ हिलोरें ले रही थी।

सिर्फ़ एक क्षण! एक ही क्षण बचा था अब उसके जीवन का, अगले ही क्षण वह हवा में लहराते हुए नदी की गोद में समा जायेगी हमेशा-हमेशा के लिए।

सैंतालीस

उस ऊँचे टीले से नीचे झाँकने पर दहाड़ें मारकर बहती नदी, किसी काल से कम नहीं लग रही थी।

'कैसा रूप बदल दिया, गंगा माँ ने अपना। इतना रौद्र रूप तो कभी नहीं देखा था उसने बचपन से अब तक, क्या हो गया होगा, क्यों कुपित हो गयी होगी माँ गंगा?'

विक्रम नदी के उस भयावह रूप को देखकर सोच रहा था। उसकी सोच एक जगह से दूसरी जगह और फिर तीसरी जगह जाकर उलझ जाती। स्थिरता नहीं थी विचारों में।

कभी बचपन के दिन याद आते, जब इसी नदी के किनारे घण्टों इसकी पावन जलधारा का स्पर्श करते वह बैठा रहता। कभी माँ-पिता का पसीने से तरबतर भीगा हुआ बदन आँखों के सामने दृष्टिगोचर हो उठता। कितना संघर्ष किया है माँ-पिता ने उसके लिए, कितनी अभिलाषाएँ, कितनी इच्छाएँ थीं उनके मन में। माँ-पिता के सुख के लिए उसने भी तो जी-तोड़ मेहनत की थी। सफलता हाथ में आयी भी तो किस स्थिति में, अब क्या करना है मुझे इस सफलता का, किसलिए जीना है अब मुझे।

उफ! जीवन बेकार चला गया। मेरी सारी मेहनत पर पानी फिर गया। जिनके लिए मुझे कुछ करके दिखाना था वही नहीं मिल रहे। क्या करना है मुझे अब एस.डी.एम. या डी.एम. बनकर।

सारी दुनिया के लोग उसकी प्रखरता और परिश्रम की तारीफ़ करते रहें, अब उससे क्या लेना देना। हाँ, प्रेरणा ज़रूर लेते उससे अन्य छात्र-छात्राएँ भी। उसके जैसा ही बनना है हमें भी, लेकिन मेरा जैसा भाग्य भगवान किसी को न दे तो अच्छा है, सफलता के चरम शिखर पर पहुँचकर भी ऐसा लग रहा है मानो किसी ने एक झटके से उसके पैरों के नीचे की सीढ़ी खींच ली हो।

'सफलता के शिखर पर पहुँचकर कहीं मुझे भूल तो नहीं जाओगे?' एक दिन पूछा था लक्ष्मी ने विक्रम से।

'नहीं, कभी भी नहीं, कैसे भूल सकूँगा तुम्हें? तुम ही तो प्रेरित करती रहती हो मुझे सफलताओं को छूने के लिए।' कहा था उसने।

उसे अनायास अस्पताल में भर्ती लक्ष्मी का चेहरा याद आ गया, कितना दुर्भाग्यशाली है वह भी। ऐसे समय में लक्ष्मी की कोई मदद भी नहीं कर पा रहा है, उसे तो सहारा चाहिए था इस वक़्त।

लेकिन वह तो ख़ुद ही बेसहारा हो चुका है फिर भला क्या सहारा दे पायेगा किसी को? क्या कहेगा वह लक्ष्मी को उसका तो अपना अब कोई लक्ष्य नहीं रह गया है भला उसको अब कौन-सा रास्ता दिखलाये।

मन-ही-मन चाहता था वह लक्ष्मी को। कभी व्यक्त नहीं किया था अपने-आपको। सामाजिक विद्रूपता की दीवार थी उसके और लक्ष्मी के बीच। लेकिन फिर भी मन में यह था कि लक्ष्मी भी उसी की भाँति सफलता की सीढ़ी चढ़े, सुखमय हो उसका भविष्य भी।

लेकिन फिर मन पलटी मारता, उसका तो अब अपना ही कोई भविष्य नहीं है, फिर किसी के भविष्य की चिन्ता कैसी?

यूँ भी प्यार, प्रेम और मानवीय संवेदनाएँ तभी तक जीवित रहती हैं, जब तक आदमी सुखी है। वर्ना इन बातों के कुछ भी अर्थ नहीं रह जाते। यही बात इस समय विक्रम पर भी लागू हो रही थी।

मन ख़राब हो उठा था उसका। इन कुछ ही पलों में उसका जीवन के प्रति सारा दर्शन और दृष्टिकोण बदल गया था।

साँझ का धुँधलका घिर आया था। नदी की गर्जना और अपने चारों ओर का दृश्य और भी भयावह लगने लगा था। लेकिन इसके बावजूद भी उसे डर नहीं लग रहा था।

जीवन के प्रति विरक्ति और माँ-पिता के जीवित न होने का विश्वास उसके मस्तिष्क पर इस कदर हावी हो गया कि उसने धीरे-से आँखें मूँद लीं। 'हे गंगा माँ, अब मेरी जगह केवल तुम्हारे चरणों में है, जीवन निरर्थक हो गया है मेरा, अब जीना नहीं चाहता हूँ मैं, मुझे अपनी शरण में ले लो माँ।' वह बुदबुदाया।

हृदय कठोर कर ख़ुद से बोला, 'मार दे छलाँग, अब जीना बेकार है तेरा।'

और दूसरे ही पल धीरे-धीरे पलकें खोलते हुए उसने गंगा माँ के अन्तिम दर्शन किये और दोनों हाथों को जोड़कर नमस्कार की मुद्रा बनाते हुए एक क़दम आगे बढ़ाया।

अड़तालीस

एक...दो...और तीन...विक्रम ने आँखें बन्द कर लीं और कूदने से पहले एक गहरी साँस ली। तभी कुछ सरसराहट-सी महसूस हुई और उसने पलटकर देखा तो कोई छाया बड़ी तेज़ी से उस चोटी पर भागती हुई-सी नज़र आयी, ऐसे कि केवल कुछ सेंकड भर बाद ही वह नदी की गोद में समा जाती, छपाक से।

लेकिन पहाड़ी की उस चोटी से जैसे ही वह गिरने को हुई, विक्रम ने तुरन्त ही उछलकर बाज की सी फुर्ती से उसे थाम लिया और थामे हुए ही ढलान पर लुढ़कता हुआ एक समतल जगह पर ठहर गया।

साँझ के उस धुँधलके में उसने उस छाया पर दृष्टि डाली तो उछलकर तुरन्त उठ खड़ा हुआ। मानो चार सौ चालीस वोल्ट का करंट लग गया हो।

'लक्ष्मी तुम!' उसके आश्चर्य का ठिकाना न रहा।

दूसरी ओर आवाज़ पहचानकर लक्ष्मी भी बिजली के जैसी तेज़ी से उससे दूर छिटक गयी।

कुछ देर दोनों ओर खामोशी छा गयी। न लक्ष्मी कुछ बोली और न विक्रम। दोनों एक-दूसरे को जानते ही न हों जैसे, या फिर शब्द ही न हों दोनों के पास। सांय-सांय करती हवाएँ उस गहराते धुँधलके के साथ मिलकर एक डरावना-सा माहौल बना रही थी। कुछ क्षण के पश्चात विक्रम ही नजदीक आ गया उसके– 'लक्ष्मी, तुम यहाँ कैसे?'

‘मरने क्यों नहीं दिया मुझे।’ वह बिलख उठी।

‘चटाक!’ एक थप्पड़ पड़ा उसके गाल पर। पागल हो गयी हो क्या? क्यों मरना चाहती हो? कायर कहीं की।’

दूसरे ही क्षण उसे अपने किये का अहसास हुआ, शायद भावावेश में आकर उसने ऐसा कर दिया था। उसने अपने एक हाथ से दूसरे हाथ पर मुक्का मारा।

‘यह क्या कर दिया मैंने?’ वह मन-ही-मन अपराधी की तरह सोचने लगा। ‘मुझे क्या अधिकार है उस पर हाथ उठाने का? क्या हो गया था मुझे अचानक?’ वह कुछ समझ नहीं पा रहा था।

‘माना कि लक्ष्मी आत्महत्या करने जा रही थी, तो वह भी तो वही करने जा रहा था, फिर लक्ष्मी ही दोषी क्यों?’

पेड़ के तने से सिर टिकाकर उससे नज़रें चुराते हुए वह बोला- ‘मुझे माफ़ कर दो लक्ष्मी।’ इसके आगे कुछ भी नहीं था उसके पास कहने के लिए।

लक्ष्मी कुछ क़दम चलकर खुद उसके पास आ गयी।

‘लेकिन तुम तो कायर नहीं हो फिर क्यों आये हो यहाँ?’ पलटकर लक्ष्मी ने सवाल किया और उसका कन्धा पकड़कर चेहरा अपनी ओर कर लिया।

‘तुम तो इतने कमजोर नहीं थे विक्रम! यह क्या? तुम्हारी आँखों में आँसू?’ भावुक होकर लक्ष्मी बोली।

‘सब ख़त्म हो गया लक्ष्मी कुछ नहीं बचा।’ लगभग रुआँसा हो गया था विक्रम।

आँसू तो लक्ष्मी के भी बह निकले, लेकिन गजब की इच्छाशक्ति थी उसके अन्दर।

‘क्या ख़त्म हो गया विक्रम?’ लक्ष्मी भावुक हो उठी थी।

‘कुछ नहीं बचा, कुछ नहीं, जिनको सुख देने के लिए मैंने दिन-रात नहीं देखे, जी-तोड़ मेहनत की, आज वे ही नहीं रहे। मैंने सोचा था कि एक दिन अपने माँ-पिता के सारे कष्ट दूर कर दूँगा। उन्हें अच्छा जीवन दूँगा, लेकिन अब वे ही नहीं रहे।’ उसकी आँखों से आँसुओं की दो बड़ी-बड़ी बूँदें चेहरे पर ढुलक गयीं।

'क्या करना है मुझे इस सफलता का। क्या करूँ मैं भारत की इस सबसे बड़ी प्रशासनिक सेवा में आकर, किसके लिए? आख़िर किसके लिए जियूँ?' निरन्तर आँसुओं की धारा बह निकली विक्रम की आँखों से।

आँसू तो लक्ष्मी के भी निकल आये थे, किन्तु किसी तरह नम आँखों से उसने विक्रम के गालों पर हथेली फिराकर उसके आँसू पोंछ दिये।

'कितनी जल्दी निराश हो गये हो तुम, अरे मैं तो एक लड़की हूँ, मेरे माता-पिता और भाई नहीं मिल रहे हैं। मुझे तो एक तुम्हारा ही सहारा था कि चलो तुम्हारे साथ मिलकर उन सबकी तलाश करूँगी। लेकिन तुम तो खुद ही टूट गये।'

'ऐसा मत कहो लक्ष्मी, ऐसा मत कहो।' तड़प उठा था विक्रम जैसे। लक्ष्मी का रुदन सहा नहीं गया उससे। फिर एकाएक वह सामान्य हो उठा। जादू-सा हो गया था जैसे उस पर। माँ का चेहरा एक बार फिर सामने आ गया...।

उनचास

'माँ तू चिन्ता न कर बस एकाध साल की दिक्कत है, फिर तो मैं तुम्हारे सारे दुख-दर्द दूर कर दूँगा।' उसने देहरादून जाते वक़्त माँ के चरण छूते हुए कहा था।

माँ बोली, 'मुझे तुझ पर भरोसा है बेटा, बस भगवान तुझे सुखी रखे। तू अपना ख्याल रखना। हम तो घर में हैं, प्रदेश में तो दिक्कतें ही दिक्कतें हैं। यहाँ की चिन्ता बिल्कुल मत करना। अपने काम पर ध्यान देना।' उसका गला रुँध आया। ममता का ज्वार सैलाब बनकर बरबस आँखों से फूट पड़ा। बेटे से अपने विछोह की यह गहरी वेदना छुपाते हुए उसने अपनी धोती के आँचल के कोने से मुँह ढाँप लिया।

माँ का यह दारूण दृश्य विक्रम को भीतर तक झकझोर गया। उसकी आँखें भर आयी थीं। माँ में उसके प्राण बसते थे। उसका रोना तो जैसे उसे भीतर तक लहूलुहान कर जाता। वह सबकुछ सहन कर सकता था पर माँ का रोना उसके लिए असहनीय बन जाता। किसी बहेलिए के तीर से आबिद्ध पक्षी की तरह वह छटपटा उठा। मेले में खोये बच्चे-सा व्याकुल वह माँ से जा लिपटा। फिर खुद को सँभालते हुए माँ को धीरज बँधाने लगा-

'माँ, बस कुछ ही दिनों की बात है फिर यह सारी तकलीफें दूर हो जायेंगी। मैं दुनिया की हर ख़ुशी तुम्हारे क़दमों में ला दूँगा। तुम्हारे सारे सपने पूरे करूँगा।'

जिसने जीवन दिया, उसे कोई क्या देगा! बस बच्चे सलामत रहें, माँ को और क्या चाहिए यही उसका सपना होता है। पर माँ तो माँ है। बेटे की बात रखते हुए बोली–

'मैं तो यही चाहती ही हूँ कि मेरा बेटा बड़ा आदमी बने और हमारी दशा सुधरे। दुःख–दर्द दूर हों।' माँ की आँखें फिर डबडबा आयीं। किसी तरह अपने को सहज रखते हुए आगे बोली–

'बेटा भगवान तुझे सदा सुखी रखे। तुझे ऐसा सामर्थ्यवान बनाये कि तू न केवल हमारे, बल्कि हम जैसे और लोगों के भी दुःख–दर्द कम कर सके। बेटा दुनिया में सिर्फ़ हम ही दुखी नहीं हैं। कई लोग तो हमसे भी ज्यादा कष्ट में हैं, हमसे भी ख़राब स्थिति में हैं। उनकी पीड़ा तो हमारी पीड़ा से कहीं अधिक है। इसलिए कभी चिन्ता न करना, बस तू अपनी मेहनत पर ध्यान देना।'

माँ की इन सीखों ने तो विक्रम को इस छोटी–सी उम्र में ही खासा समझदार बना दिया। उसमें प्रतिभा और पुरुषार्थ तो था ही माँ की परवरिश ने उसे परिष्कृत कर दिया था। उसमें स्वावलम्बी होने की शक्ति भर दी थी। ऐसे ही पुरुषार्थियों के लिए हमारे तजुर्बेकारों ने कहा भी है–

ढूँढ़ ही लेते हैं, अँधेरों में मंज़िल अपनी
जुगनू कभी रोशनी के मोहताज नहीं होते।

माँ ने विक्रम को ऐसा ही जुगनू बना दिया था। जो अपनी मंजिल पाने में खुद सक्षम हो गया था।

माँ का स्मरण होते ही उसके शरीर में अचानक बिजली–सी कौंध गयी। एक जादुई शक्ति का संचार हो उठा। अपने को सँभालने के साथ ही वह लक्ष्मी को भी सम्बल देने लगा। दोनों अब एक–दूसरे की ताकत बन गये।

'मुझे तुम्हारा साथ मिल गया है। अभी तो हमें अपना लक्ष्य तय करना है। बहुत कुछ करना है अभी। तुम्हारे और अपने माँ–पिता को ढूँढ़ना है। मिलकर उन्हें ढूँढ़ेंगे हम दोनों।' कुछ देर पूर्व लक्ष्मी उसको समझा रही थी तो अब वह लक्ष्मी को समझा रहा था।

'हाँ लक्ष्मी ठीक कहती हो तुम! हार गया था मैं, लेकिन तुमने एक बार फिर मुझे ताकत दे दी है। अब हम दोनों मिलकर उन्हें ढूँढ़ेंगे।'' विक्रम ने आत्मविश्वास के साथ कहा।

'भगवान पर भरोसा रखो विक्रम, सब उसी पर निर्भर है। वह इतना निर्दयी नहीं हो सकता।' लक्ष्मी उसे सान्त्वना दे रही थी।

दोनों पहाड़ की उसी चोटी पर कब से बैठे थे, यह उन्हें भी मालूम नहीं।

कुछ देर दोनों ओर खामोशी छायी रही। नदी की शीतल हवाएँ और कल-कल की ध्वनि के साथ दोनों के मन-मस्तिष्क में विचारों का प्रवाह भी गतिमान था।

पचास

लक्ष्मी को चुपचाप और गम्भीर देखकर विक्रम ने उसे झकझोरा, 'कहाँ खो गयी हो, क्या सोच रही हो?'

'सोच रही हूँ विक्रम, किस्मत ने हमें कैसे रास्ते पर ला पटका है। क्या-क्या सपने सँजोये थे हमने और ये क्या हो गया। यह कैसी परीक्षा ले रहा है भगवान।' रुआँसी होकर लक्ष्मी बोली।

डबडबायी आँखों से ढुलककर कपोलों पर आ गिरे आँसुओं को अपनी अँगुली के पोर से पोंछते हुए विक्रम बोला– 'रोते नहीं पगली, मैं हूँ ना तुम्हारे साथ। हम दोनों एक-दूसरे की ताकत बनेंगे, एक-दूसरे का सपना बनेंगे। तुम्हीं तो कहा करती थीं– 'जो मुमकिन न हो मुमकिन बना देता है, ख्वाब दरिया के किनारों को मिला देता है।' हम एक-दूसरे का ही नहीं औरों का भी ख्वाब बनेंगे, सहारा बनेंगे। यह मेरी-तुम्हारी ही नहीं सामूहिक विपत्ति है।'

वह कुछ और बोलता इसी बीच एक अनजान परछाईं तेज़ी के साथ उन्हें अपनी ओर आती दिखाई दी। दोनों घबरा उठे। कौन होगा इतनी रात गये जो यहाँ आ रहा है। एक-दूसरे का हाथ पकड़े दोनों खड़े हो गये। चन्द्रमा की दूधिया रोशनी में वह परछाईं ज्योंही पास आयी पहचान में आ गयी।

'अरे यह तो अपने कमल चाचा हैं। हमारी तो जान ही निकल रही थी।' राहत की साँस लेती लक्ष्मी बोली और फिर हैरान-सी पूछने लगी– 'चाचा जी आप यहाँ और इस वक़्त?'

'पागल, तुझे कहाँ-कहाँ नहीं ढूँढ़ा मैंने और तू यहाँ है वह भी विक्रम के साथ।' कमल ने हल्की-सी थपकी मारी लक्ष्मी के गाल पर। दोनों झेंप गये और नज़रें झुका ली।

'मालूम है तुम्हारे पिता और दोनों भाई सकुशल हैं। और हाँ विक्रम, तुम्हारे माता-पिता भी मिल गये हैं।' कमल ने उन्हें यह ख़ुशख़बरी क्या सुनायी, उनके जीवन की जैसे रौनक लौट आयी। ख़ुशी और आश्चर्य से दोनों उछल पड़े।

'चाचा जी! सच कह रहे हैं आप?' भावविभोर लक्ष्मी ने कमल को ख़ुशी के मारे झकझोर डाला और उससे लिपट पड़ी।

'सच में चाचाजी! कहाँ हैं वे लोग?' हतप्रभ से विक्रम ने भी ख़ुशी से कमल का हाथ थाम लिया। उन्हें लगा जैसे कमल के रूप में कोई भगवान का दूत साक्षात् ही उनके सामने आ खड़ा हुआ हो।

'वे यहीं एक साथ राहत शिविर में रह रहे हैं।' उसने दोनों को तसल्ली देते हुए कहा।

कहने भर की देर थी कि दोनों कमल से लिपट गये और फफक कर रोने लगे, आँसुओं का बाँध टूट गया हो जैसे। कमल ने दोनों के सिर पर हाथ फेरा।

'क्या करने जा रहे थे तुम दोनों यहाँ?' प्यार से दोनों को झिड़कते हुए कमल ने दोनों के कान पकड़कर पूछा।

'चाचाजी हम तो हताश हो गये थे, बस अब तो अपनी जान देने...' वाक्य पूरा नहीं कर पायी लक्ष्मी।

'अरे पगलो! हार मानकर ज़िन्दगी को ख़त्म कर लेना कोई विकल्प थोड़ी है, यह तो कायरों का काम है। मुझे देखो मैं अपनी माँ और बच्चों को ढूँढ़ने के लिए कितने दिनों से संघर्ष कर रहा हूँ। इस विश्वास के साथ कि एक न एक दिन वे ज़रूर मिल जायेंगे, यही नहीं मैं औरों के लिए भी जूझ रहा हूँ। तुम तो पढ़े-लिखे होकर भी ऐसी नादानी कर रहे थे।

शुक्र है बाबा केदार का कि सब सकुशल मिल गये हैं, लेकिन औरों की भी तो सोचो। याद रखो ज़िन्दगी अपने तक ही सीमित नहीं है, मानव का धर्म है औरों की भी सोचे। उनका सहारा बने। स्व से उठकर सर्व की भावना होना ही सच्ची इन्सानियत है– कमल बोले जा रहा था और वे दोनों गम्भीरतापूर्वक सुने जा रहे थे।

'हमारी संस्कृति ने हमें सिखाया है कि दिल की यह छटपटाहट अपने और अपनों के लिए ही नहीं, सबके लिए होनी चाहिए। हम सबको मिलकर यहाँ आपदा पीड़ितों की मदद करनी है। इसलिए नकारात्मक नहीं, संवेदनशील बनो। नकारात्मकता विध्वंस का प्रतीक है और संवेदनशील होना सृजन का। प्रकृति इसी संवेदना और सृजन से चलती है। नकारात्मक सोच से ज़िन्दगी रुक जाती है और जिजीविषा एवं संवेदनशीलता से ज़िन्दगी कभी रुकती नहीं। चलती रहती है, बढ़ती रहती है।' अपनी पूरी बात उन्हें समझाने के बाद कमल दोनों के हाथ पकड़कर बोला–

'चलो उठो! वहाँ सभी हमारा इन्तजार कर रहे होंगे, अभी बहुत कुछ करना है हमें! लोग दुःखी हैं, परेशान हैं। हमें सभी आपदा पीड़ितों के लिए तन-मन से मिशनपूर्वक जुटना है...।'

और तीनों लोग एक झटके में टीले से नीचे उतरकर शिविर की ओर चल पड़े।

□□